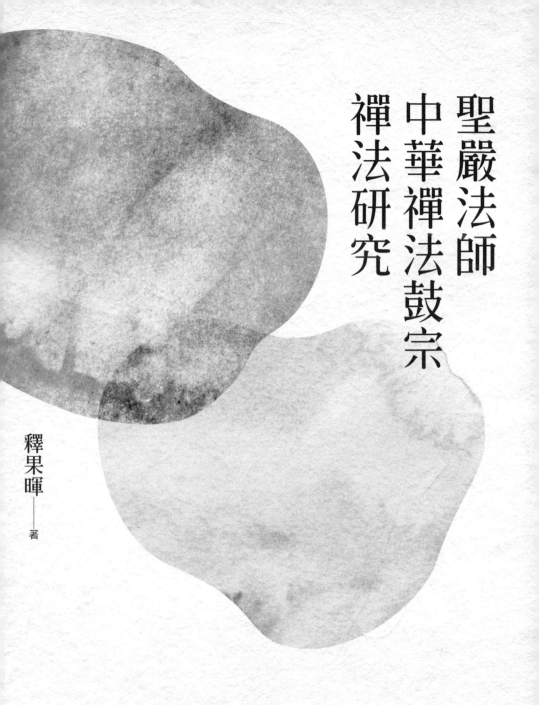

聖嚴法師中華禪法鼓宗禪法研究

釋果暉——著

A Study on the Dharma Drum Lineage
of Chan Buddhism Established by Master Sheng Yen

自序

　　2019 年 3 月下旬，我參加了法鼓山體系所舉辦連續六梯次「印度佛陀聖跡巡禮」的最後一梯次。第一天經香港轉機到達德里，一進機場大廳，馬上映入眼簾的是入境櫃檯後方牆上，雕飾著九個碩大而亮麗的紅銅色宗教藝術手印，這似乎要告訴旅客們已經來到了一個宗教氣息濃厚的國度──印度。

　　以佛教而言，佛陀雖出生於傳統婆羅門教的印度社會中，但經過出家修行覺悟成道，發現「緣起無我」才是宇宙的真理實相，而且人人都可以跟他一樣，透過修行佛法而覺悟解脫。《增一阿含經》云：「諸佛世尊皆出人間，非由天而得也。」初期佛教的教法告訴我們，佛陀在人間成道，佛法的弘布也在於人間，且要為人類所用的。這是說佛教雖然具有宗教的形式與功能，而佛法的本質是超越宗教的，也以人為本的。十二因緣揭示了眾生因業感緣起而有三世流轉，但佛教的「緣起無

我」否定永恆獨立創造神的存在，可以說佛教是無神論的宗教（但不同於唯物論的無神論）。

宗教是關注從此世到來世的一種心靈信仰與文化行為，而同樣做為東方文明一支的漢文化——特別是儒家思想，強調「未知生焉知死」、「敬鬼神而遠之」，這可說是一種對宗教（來世）保持淡漠而強烈重視人間現實生活的現世主義文化。正由於佛陀的教法本質與漢文化在關注人本、人文與人道上，具有相同的面向，因此自西元一世紀傳入中國，經過百千年長時的淬鍊，終於融入、適應漢文化，並且進一步影響、創新漢文化，這其中最具有代表性的宗派，當首推禪宗。

《六祖壇經》云：「佛法在世間，不離世間覺。」禪宗「直指人心，見性成佛」，不講究分析性的哲理，不重神祕經驗而重於直觀性的實踐，正契合漢文化，也是最人文化、人格化與人間化的，因此太虛大師說「中國佛學特質在禪」。

法鼓山創辦人聖嚴師父畢生弘揚佛法，1989 年以「提昇人的品質，建設人間淨土」為理念而創建法鼓山，並於 2005 年法鼓山落成開山後，創立中華禪法鼓宗，以心靈環保為核心，弘揚漢傳禪佛教。《雜阿含經》云：「心惱故眾生惱，心淨故眾生淨。」《維摩經》也指出「心淨則佛土淨」，世間的動盪不安，根源

於人心的不安，因此師父主張「心安就有平安」、「若是人心安定，環境即太平」，他老人家長年在東西方推廣禪修，用佛法的觀念與禪修的方法來幫助人人安心。

禪修安定人心的經證，最早可以追溯到《中阿含經》的〈龍相應頌〉，該頌文讚歎世尊說：「龍行止俱定，坐定臥亦定，龍一切時定，是謂龍常法。」《俱舍論》引用此一偈頌說道：「諸佛世尊常在定。」大乘經典如《大般若經》、《華嚴經》也都說：佛的心常在定，無有散亂。《文殊說般若經》云：「若得一行三昧，悉能具足一切功德。」《壇經》進一步闡明：「一行三昧者，於一切處行住坐臥，常行一直心是也。」並引用《維摩經》所說「直心是道場，直心是淨土」，六祖的第三代——馬祖道一禪師進而提出「平常心是道」，這是說日常生活中，時時處處無不是修行的道場。

禪修而能夠開悟，當然很好，但不開悟並不等於禪修沒有用。聖嚴師父介紹的禪修觀念是：「認識自我、肯定自我、成長自我、消融自我」；以「有我」為入手方便，以「無我」為禪修方向；禪修方法是「放鬆身心，集中、統一、放下身心世界」，最終能夠超越於有無的兩邊，而大悟徹底。

禪法的教學中，「自我」與「無我」的關係，是

人類文化層面的核心論題。無可否認地，相對於東方，西方文化重視自我價值（個人主義），而東方文化則有強調家庭倫理（集團主義）的傾向。因此，本書第五篇〈Master Sheng Yen's Chan Thought and Contemporary Society: A Preliminary Exploration〉，以文獻回顧及田野訪談兩大主軸，來討論在東西方不同文化體系中，是否有不同的心性價值觀？聖嚴師父在弘揚禪法時，其教學方法是否有所差異？

第四篇〈A Study on the Phenomenon of "Sweating All Over" and the Process during Chan (Zen) Enlightenment: Historical Examples and the Case of Master Sheng Yen's Meditation Experience〉，以聞思修證的歷程探討聖嚴師父的修行過程，並發現師父跟歷代禪者一樣，在禪悟的當下也有「通身汗流」的現象。比較特別的是，當師父被靈源老和尚告知「放下」前，吐露了一連串的生命疑問，其前後過程很類似參話頭的破參，但與傳統參話頭專門參一個問題（話頭）卻不太相同。

第三篇〈中華禪法鼓宗話頭禪學理思想之研究──兼論宗密的九對頓漸〉，首先以安般法門為例，說明印度禪修方法的流傳，有從重視俱解脫，朝向慧解脫發展的傾向。其次探討了參話頭的學理，可融會於佛法的四諦、十二因緣，而漢傳禪佛教所謂的「禪機」，可以在

《楞伽經》中找到經證。最後，深入探討漢傳禪佛教
「頓與漸」的議題，而發現神會禪師所提出的「頓悟漸
修」是祖師禪修證的根本原則，並闡明聖嚴師父提出開
悟的三種類型——凡夫也可以開悟。

第二篇〈漢傳禪佛教之起源與開展——中華禪法
鼓宗默照禪修行體系之建構〉，論述印度佛教的「慧解
脫」與「不依禪」，成爲漢傳禪佛教在修證上的重要方
向原則；其次，討論了四念住、四無量心與默照禪法的
密切關係，最後提出默照禪有止觀及慈悲觀的內涵。

第一篇〈聖嚴法師之漢傳佛教復興運動——以漢傳
禪佛教爲中心〉，闡述聖嚴師父承接太虛大師、東初老
和尚的佛教現代化理念，推動正規宗教教育培養人才以
挽救佛教；而以長年在海內外弘化經驗，積極提倡如來
藏思想以會通東西方文化。其次，發現禪宗的悟，著重
於慧解脫，因而發展出「道在日用中」的漢傳禪法，故
回溯到印度佛教的慧解脫思想，並對不同的慧解脫類型
加以分析。最後論述師父以「從有心到無心」、「從小
我到無我」而建構實用方便的漢傳禪法體系。

此外，並對第一篇的「表九：聖嚴法師之中華禪法
鼓宗禪法開展示意圖」（請參考本書第 73 頁）加以重
新修訂，以呈現中華禪法鼓宗禪法承先啓後的完整性，
以《壇經》的「應無所住而生其心」爲中心，往下開展

話頭禪及默照禪法（兩者為高階禪法），應用傳統的次第禪觀而開發漢傳大乘禪觀的基礎——數息觀及念佛觀（初階禪法），乃至止觀（中階禪法）；最後從止觀可以進一步修習中觀（空觀），或銜接話頭、默照禪法。此外，印度初期佛教的「不依禪」既是漢傳祖師禪的先驅，也對做為「無法之法」的默照禪有啟示作用，而如前所述，話頭禪法契合於「慧解脫」的方向性，故一併呈現於圖中。往上，追溯《壇經》的「應無所住而生其心」在教理上涵蓋了「般若」系統及「如來藏」系統。因此，「般若」系統方面，可以往上溯及《般若經》的「無念、無相、無住」，乃至《阿含經》的「緣起：無常、無我、空」；「如來藏」系統方面，則往上溯及《維摩經》的「本心」、《涅槃經》的「佛性」以及《楞伽經》的「無我如來藏」，乃至《阿含經》的「心淨眾生淨」。

　　本書的五篇論文，原發表於各屆的聖嚴思想研討會，經審核後，刊於各輯《聖嚴研究》。今為方便讀者閱讀，將三篇中文排在前面，兩篇英文置於後面。這五篇論文，原則上都是學術性論文，但也都兼具有修行上的實用性，這也是我做學術研究的本意所在。前四篇皆是我個人的獨著，最後一篇（英文）是我與原任教於亞洲大學的陳瑾瑛教授（已往生）的合著。為考慮讀者單

是檢索標題而閱讀某一篇的某一節時，也能夠獲得一些法益，因此針對前三篇中文論文，重新修訂各節的標題，使其更貼近各節的實際內容（對照表請見本書第331頁「附錄」）。

　　本書能夠出現在讀者面前，前後超過十年的時間，要感謝的因緣很多，感謝僧團的成就、感謝聖嚴教育基金會及法鼓文化編輯同仁的協助，讓本書能夠順利出版。聖嚴師父的色身雖然已經不在人間，但他老人家的教誨永遠存在我們的心中，本書的付梓，尚無法報答師父的法乳之恩於萬一，惟願能讓更多人獲得師父教法的益處。

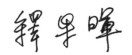

2020 年 6 月 30 日結夏圓滿日
於法鼓山方丈寮

目錄

自序 3

聖嚴法師之漢傳佛教復興運動

——以漢傳禪佛教為中心 15

  一、前言：以心靈環保為核心，弘揚漢傳禪佛教 17

  二、推動正規宗教教育挽救佛教 18

  三、以如來藏思想會通東西方文化 26

  四、從慧解脫到平常心是道 35

  五、從有心到無心，從小我到無我 50

  六、結論：不忍聖教衰，不忍眾生苦 72

      參考文獻 74

      英文摘要 80

漢傳禪佛教之起源與開展

——中華禪法鼓宗默照禪修行體系之建構 83

  一、前言：回歸印度佛教，探源漢傳禪佛教 85

  二、慧解脫、不依禪 87

  三、四念住、四無量心 113

  四、結論：從止觀、慈悲觀到默照 139

      參考文獻 142

      英文摘要 147

中華禪法鼓宗話頭禪學理思想之研究

——兼論宗密的九對頓漸 149

一、從俱解脫到慧解脫——以數息觀為例 151

二、四諦、十二因緣與話頭禪法 156

三、禪機之經證——《楞伽經》 164

四、頓與漸——從如來禪到祖師禪 166

五、結論：知行合一、行解並重 213

附錄：九對頓漸 215

參考文獻 220

英文摘要 228

A Study on the Phenomenon of "Sweating All Over" and the Process during Chan (Zen) Enlightenment:

Historical Examples and the Case of Master Sheng Yen's
Meditation Experience 231

1. The Phenomenon of "Sweating All Over" during Chan
(Zen) Enlightenment 235

2. The Process during Chan Enlightenment 248

3. Conclusion 264

References 267

中文摘要 271

Master Sheng Yen's Chan Thought and Contemporary Society: A Preliminary Exploration 275

1. Introduction 278

2. Literature Review and Philosophical Research 280

3.Research Methods 293

4.Findings and Discussions 295

5.Conclusion 309

    References 314

    中文摘要 328

附錄 331

聖嚴法師之漢傳佛教復興運動
——以漢傳禪佛教為中心

▌摘要

　　佛教自東漢傳入中國，歷經魏晉南北朝至隋唐而大盛，而南宋之後，漢傳佛教開始走向下坡，以至現今之千年間大抵呈現衰落之勢，而有明末四大師之出世，復興佛教之頹勢於一時。西元十八世紀之工業革命以來，世界大勢丕變，閉關自守之清廷終淪為列強刀俎之魚肉，生民塗炭，國家近乎淪亡，佛教亦難以幸存，幸有太虛大師出世，遠遊他國考察，登高一呼，力主佛教之現代化。太虛大師、東初老和尚與聖嚴法師之間，有先後三代師生徒之理念傳承，從人生佛教而開展出人間淨土。太虛大師說中國佛學之特色在禪，聖嚴法師除了承繼虛雲老和尚之禪法，更以一介比丘留學東瀛，以教育做為復興漢傳佛教之根本大計，創辦高等佛學研究所二十餘載，終獲納入國家正規教育體系。法師更以弘講、

禪修、著述及創建法鼓山僧團與道場，以復興漢傳禪佛教爲急務，將漢傳禪法傳遍海內外。又在 2000 年於聯合國演說，提倡心靈環保做爲世界永久和平之指針，獲得大會之肯定與讚許，其影響力是深刻而久遠的，法師的世界性貢獻可說來自漢傳禪佛教的智慧與慈悲。

　　本文共分四段，第一段：先以佛教之歷史背景來分析聖嚴法師「推動正規宗教教育挽救佛教」；第二段：再以文化層面來深入探討「以如來藏思想會通東西方文化」；第三段：以「從慧解脫到平常心是道」來追溯印度經論乃至漢傳修行思想來釐清「漢傳禪佛教之修行理論根據」；最後則以歸納聖嚴法師之禪法思想體系來論述其「從有心到無心，從小我到無我」的實用方便禪法。

關鍵詞：漢傳禪佛教、如來藏、無我、話頭、默照、
　　　　止觀

一、前言：以心靈環保為核心，弘揚漢傳禪佛教

　　法鼓山創辦人聖嚴法師在東西方弘揚佛法數十年，用漢傳禪佛教的智慧與慈悲為核心來建立起全球性心靈價值。當今二十一世紀人類所面臨的最大危機，無非是全球環境暖化、地球生態破壞的問題，以及區域性政治、文化乃至宗教對立──也就是世界人類和平的問題。聖嚴法師於 1991 年提出「心靈環保」理念，主張要拯救地球環境首從拯救人心開始，茲後於聯合國等國際各型會議中不斷呼籲「心靈環保」理念，終獲得世界宗教界乃至各界人士之認同。此一「心靈環保」理念乃出自於漢傳禪佛教的智慧與慈悲，法師於 2000 年紐約聯合國〈千禧年世界宗教暨精神領袖和平高峰會議〉開幕式致詞❶中說：

　　心靈的充實比起物質的擁有，是更可貴的財富。簡樸的生活是中國禪宗的特色，禪修者由於物質生活的淡泊，所以能獲得心靈的自在平安。只要心靈安定，便不會受到外在物質環境的刺激與誘惑，也不會傷害他人，破壞環境。

---

❶　釋聖嚴，《建立全球倫理──聖嚴法師宗教和平講錄》，頁 32-33。

　　法師精闢而引人共鳴的理念與主張實出自於漢傳
禪佛教的核心內涵。唐宋之後的漢傳佛教中道衰弱、歷
盡滄桑；又近代西洋文明發達，傳統文化無不遭受嚴厲
批判，從教內外看，佛教都面臨史無前例的生死存亡危
機。法師看到：「近兩千年的漢傳佛教，留下了龐大的
智慧遺產」❷，特別是對於當今世界人類來說，漢傳禪
佛教有它的彌足珍貴之處。以下我們將探討法師為何、
如何要以畢生之努力來復興漢傳佛教——特別是代表漢
傳佛教的禪佛教。

二、推動正規宗教教育挽救佛教

　　漢傳佛教自一世紀從印度傳來，經過無數印度、西
域及中國祖師❸大德從基礎的傳譯、解釋、消化吸收，
再歷經不斷地漢化或所謂的「本土化」之過程，至隋唐
間百花齊放、鼎極而盛，產生大乘八宗乃至大小乘之十
三宗。但佛教自身亦難逃無常之捉弄，經過歷代戰亂及
三武一宗等法難之破壞，宋元之後，漢傳佛教氣勢呈現
逐漸走下坡，甚至到了明初，已到奄奄一息的窮途末路
地步，聖嚴法師說：

---

❷　釋聖嚴，《兩千年行腳》，頁 26，行 4-5。
❸　最早期的譯經者是東漢的安世高大師。

　　回顧中國佛教，經過宋明理學的撻伐以及元朝蒙古人的異族統治，漢傳佛教諸宗，到了明初，已是奄奄一息，命如懸絲。❹

　　曾是太虛大師學生的東初老和尚❺因戰亂於 1949 年來臺，而其後成為師徒關係的聖嚴法師亦暫以軍旅身分相繼來臺。東初老和尚胼手胝足創建北投中華佛教文化館，施行慈善救濟、影印日本《大藏經》、提倡佛教文化及創刊《人生》雜誌等，繼太虛大師之遺志弘揚「人生佛教」❻，使大陸漢傳佛教得以在臺灣生根乃至發揚光大，其努力與影響在歷史上自有不可磨滅的地位，老和尚甚至對臺灣「中國佛教會」的初步成立也有歷史上的貢獻。❼

---

❹　釋聖嚴，《學術論考 II》，頁 125，行 4。

❺　「先師東初老人是太虛大師的學生，我是太虛大師的第三代。」釋聖嚴，《學術論考》，頁 337，行 5-6。

❻　「我的師父東初老和尚繼承太虛大師提倡人生佛教，並且創辦了《人生》雜誌。」釋聖嚴，《法鼓山的方向 II》，頁 107，行 7。

❼　「『中國佛教會』在臺灣復會辦公，說來也有它的一段因緣⋯⋯來臺的佛會會員，只有東初、章嘉和李子寬三個人，東初在離開大陸時，曾向中佛會討取有成立中國佛教會臺灣辦事處的文件，因而乃邀約白聖、南亭等人，一同組織『中國佛教會臺灣臨時辦事處』。」釋樂觀，〈三十年來中國佛教的回顧〉，《現代佛教學術叢刊·民國佛教篇》，頁 344。

（一）光復前之臺灣佛教

因為從 1895 年起，臺灣曾經被日本殖民統治五十年之久，為了了解國民政府遷臺前的臺灣佛教歷史狀況，我們從當時具權威性的佛教刊物《南瀛佛教》找到了一些重要的數據資料。從昭和十三（1938）年開始，臺灣總督府開始實施所謂的「皇民化」政策，同年《南瀛佛教》❽也刊登了一份〈宗教統計資料〉，統計從昭和九（1934）年到昭和十三（1938）年間之宗教徒人口統計資料。筆者將昭和十三（1938）年之該年度統計資料要項摘錄重新表列於下：

表一：宗教別信徒人口數統計（1938 年）　　　單位：人數

	神道	佛教	基督教
內地（日本）人	18,159	112,743	3,772
本島（臺灣）人	13,024	60,022	50,110

表二：佛教中之宗派別信徒人口數統計（1938 年）　單位：人數

	臨濟宗妙心寺派	曹洞宗	真宗大谷派
內地（日本）人	5,151	18,222	18,459
本島（臺灣）人	16,966	17,453	15,967

---

❽　《南瀛佛教》第 18 卷第 3 號。

　　從上述「表一」與「表二」可知，1938 年之本島（臺灣）人佛教徒數約 6 萬人，其中約有三分之二信仰日本禪宗的兩派；三分之一則信仰日本淨土宗的一派。而當時之臺灣信仰各類宗教之人口數與總人口數之比例如何呢？依據許介鱗（2006）之〈「認識臺灣」應從「認識日本」開始〉❾論文：「依 1940 年 10 月 1 日戶口調查，當時臺灣總人口數未達 600 萬乃 5,872,084 人。本省人占大多數 5,510,259 人，日本人不到 1 成，爲 312,386 人。」來看，當時臺灣人信仰佛教者僅占 1% 強，再扣掉信仰神道教、基督教之信徒的話，光復前臺灣人百分之 98% 左右的信仰人口爲傳統之道教、齋教或民間信仰。又從臺灣人信仰日本佛教宗派看，主要是選擇與禪宗及淨土宗相近之宗派，這與宋明以後之漢傳佛教主要爲禪及淨土之潮流看，也是頗爲一致的。

　　現在讓我們來看光復後，經過近七十年的今天，臺灣的佛教徒人數是如何變遷的？從「美國國務院民主、人權和勞工事務局」在〈2009 年國際宗教自由報告──臺灣部分〉❿之報告中，可歸納出兩點：

---

❾　《海峽評論》185 期，2006 年 5 月號，http://www.haixiainfo.com.tw/SRM/185-1032.html。

❿　2009 年 10 月 26 日發布，http://www.state.gov/documents/organization/132869.pdf。

一、根據 2006 年新聞局年鑑，內政部宗教輔導科估計，臺灣人口（2,300 萬）中有 35% 自視為佛教徒；33% 為道教徒。雖然絕大多數有宗教信仰的人或是信佛教，或是信道教，但是也有很多人自認既是佛教徒，也是道教徒。

二、有多達 80% 的人口信奉某種形式的傳統民俗宗教。這類民俗宗教可能與個人信奉佛、道、儒教或其他中國傳統宗教同時並存。

根據前述之報告，目前臺灣總人口數中，粗估佛教與道教信徒各約有 800 萬人。但佛教徒中可視為 80% 同時也是多神信仰者，也就是可預估以佛教為單一宗教之信仰者是 160 萬人，這應該是比較接近實際的數目字。同〈報告〉中也說到：「內政部宗教輔導科估計，約有 50% 的人口經常參加有別於中國傳統民俗宗教的某種形式的有組織宗教活動。」這也提供一個可能的說明：純粹屬於各宗教（比如五大宗教等）之信徒數最多不會超過全臺灣總人口數的一半。因此，我們也可以推論：曾經參加過某一佛教組織宗教活動之多神信仰者，也極有可能把自己認定為是佛教徒，這導致了佛教徒人數在統計上大為膨脹。

從以上之統計資料可發現，光復後又經過半世紀以

上的當今臺灣，由於為數不少的大陸高僧大德到臺灣竭力弘化之故，佛教徒人數可說有非常大幅度的成長。但因臺灣與中國同源於長久的歷史文化背景，要從各宗教信徒中分離出單一信仰佛教之信徒是頗為浩大的工程。這原因是佛教自東漢傳入中土之後，儒、釋、道三家歷經長期相互激盪之過程，導致在共同的漢地文化土壤中，醞釀出三教融合之歷史主流。近年來，臺灣南傳、藏傳各系佛教方興未艾，此外又出現為數不少而自稱為佛教的新興宗教，因此真正信仰漢傳佛教之人數，應該還要從 160 萬人數中更加縮減了。

（二）中國大陸佛教情形

　　大陸方面由於 1966 至 1976 年之所謂十年文化大革命浩劫，僧眾被迫牢改下放，佛教寺院文物幾乎毀壞殆盡。❶ 改革開放之後，大陸對佛教政策鬆綁，曾遭文革破壞之重要寺院逐漸修復，但仍以觀光為導向，信眾熱衷於燒香拜佛，但對佛教、佛法所知非常有限。❷ 大陸

---

❶　「自從大陸政權成立之後，至一九七六年所謂十年文化大革命結束之時，大陸的佛教已然蕩然無存。」釋聖嚴，《教育‧文化‧文學》，頁78，行 7-8。

❷　「在大陸所見的佛教徒，大致上都是信佛不敬僧，也不知法。」釋聖嚴，《步步蓮華》，頁 180，行 5-6。

也有漢傳、藏傳及南傳三系之佛教，但仍以漢傳爲主，信眾據說有一億多人。❸中國大陸目前有佛學院約 40 至 50 所，培育不少年青優秀僧才而多少彌補了十年文革之斷層。但也僅止於傳統叢林道場或佛學院的恢復，以現代化教育方式培養人才及推動現代化佛教弘化的腳步仍相形落後其他地區。在現代化的佛教教育方面，臺灣到目前爲止包含法鼓佛教學院（2014 年更名爲法鼓文理學院）在內，已經有五所佛教界所辦的大專院校；而大陸方面，雖太虛大師曾於 1925 年首先提議需要建佛教大學，❹但經過七十五年之後的現在大陸迄未成立一所專門培養佛教人才的正規教育學府。

聖嚴法師在《悼念‧遊化》❺一書中對大陸佛教之觀點說得相當中肯：

> 今後（大陸）的佛教徒，宜扮演什麼樣的角色，來與社會大眾進行溝通，始可避免彼此間的衝擊和

❸ 楊鳳崗（普渡大學〔Purdue University〕宗教社會學副教授）在〈中國精神領域裡的躁動〉一文中說：「中國佛教界自稱中國有一億多佛教徒。」http://www.purdue.edu/crcs/itemPublications/articles/Yang-zhongxin.pdf（2007）。

❹ 參〈議佛教辦學法〉，《僧教育》，《太虛大師全書》第 17 冊，頁 465-472。

❺ 釋聖嚴，《悼念‧遊化》，頁 226，行 3-5。

矛盾，應該是很值得注意的問題。如果仍像過去中
國叢林那樣，幾百幾千人，只顧關起山門來修行，
而不能對社會大眾提供有形而具體的服務，恐怕是
一種危機。

（三）聖嚴法師對臺灣宗教教育之貢獻

反觀聖嚴法師於 1985 年起在臺灣創辦中華佛學研
究所，全力經營高等佛教教育事業，二十年來校友們畢
業後，再從國內外取得學位者，大都能在佛教所辦的大
學或一般公私立大學相關科系發揮所長。特別是法師多
年來所呼籲、推動的佛教專業教育納入政府的正規教育
體制構想終於獲得實現。2004 年臺灣立法院通過單一
宗教研修學院之立法，2006 年法鼓佛教學院成為臺灣
教育史上第一所單一宗教研修學院 ❶ 並於 2007 年起開
始招生。❷ 其他宗教界也陸續跟進申請設立，❸ 可說由
於聖嚴法師的帶頭推動宗教教育納入正規教育之努力，
不僅是佛教界，所有宗教界也都成為受惠者了。目前海
峽兩岸已從經濟上的實質交流，進入到文化教育的交流

---

❶ 教育部電子報，http://epaper.edu.tw/e9617_epaper/news.aspx?news_sn=1888。
❷ 到目前為止佛教界所辦的宗教研修學院共有三所，除了法鼓佛教學院之
  外，另外兩個學院設立於佛光大學及華梵大學的綜合大學院校內。
❸ 例如長榮大學也於 2008 年獲准設立基督教研修學院神學系。

層次，在可預期的未來，臺灣的此一宗教教育理念與體
制也將可影響及於中國大陸。

三、以如來藏思想會通東西方文化

歷史的因與果永遠是一面不遠的殷鑑。十九世紀後
半的日本，由於明治天皇（1852－1912）的西化運動，
促使日本全面步入近代化國家之林。佛教方面因國家的
崇神廢佛的政策，造成佛教世俗化，各宗派領袖為自宗
之生存，便大量派遣留學生到西方國家留學，❶ 返國之
後創立佛教大學，培養無數學術、教育與研究人才，並
提倡改革教育制度，使日本的佛教學術研究完全與西方
接軌，並執當今世界之牛耳。1876 年東本願寺派的南
條文雄（1849－1927）留學英國取得第一位研究東洋
學文學博士，可做為日本佛教學術化的里程碑。聖嚴法
師於 1969 年東渡日本留學，1975 年獲得文學博士學位
後，經過三十年鍥而不捨的努力，終於推動培養佛教專
業人才教育的悲願獲得實現，這使得黯淡的漢傳佛教亮
起一線復興的生機。但漢傳佛教之危機有其歷史文化上

❶ 「我又明知日本的佛教人才極多，自明治二十一年（西元一八八八年）
六月七日以來，迄昭和四十二年（一九六七年），在七十九年之中，
出了共計二百七十一位佛教的文學博士，其中僅僅第一位博士南條文
雄……。」釋聖嚴，《留日見聞》，頁 311，行 7-8。

更深層的一面，太虛大師在 1914 年作〈震旦佛教衰落
之原因論〉中，指出有「化成、政軛、戒弛、儒溺、義
喪、流竄」等六項原因 ❷；聖嚴法師也提出，無論從思
想上、信仰上或現代化的教育上，漢傳佛教都面臨很大
的危機；而從戒律上、從經論之傳承上，南傳佛教也有
不少地方不認同北傳（包括漢傳）佛教的地方。由以下
聖嚴法師的一段話中，充分地將漢傳佛教所面對的危機
提示出來。

　　反觀漢傳佛教的聲音，不但在國際上很難聽到，
　　就是在國內臺海兩地，也是被民間信仰和新興宗教
　　所混淆；甚至連臺灣佛教界的僧俗四眾，也對漢傳
　　佛教認識不清，沒有堅固的信心。
　　我看到今天的臺灣，有許多佛教徒，不是一窩蜂
　　的去學習藏傳佛教，就是一面倒的去依靠南傳佛
　　教。原因就是不知道由祖先們努力了近兩千年的
　　漢傳佛教，留下了龐大的智慧遺產，其可貴處是什
　　麼？❷

---

❷　釋太虛，〈震旦佛教衰落之原因論〉，《史傳》，《太虛大師全書》第
　　29 冊，頁 28-45。
❷　釋聖嚴，《兩千年行腳》，頁 25，行 14-頁 26，行 5。

　　漢傳佛教從印度佛教而來，而有不同於印度佛教的
面貌，主要是由於漢文化有重於現實人事之特性，❷因
此佛教與儒家文化之融和關係，是佛教漢化過程中之關
鍵性要素了。對此，聖嚴法師說：「漢傳佛教是經過漢
文化熏陶之後的中國佛教」，又說：

　　　佛教傳入中國之後，如上所說，曾與老莊玄學有
　　過適應及互動的關係，但是也很清楚，儒家思想，
　　才是漢文化中的最大主流。❸

　　宗教信仰是印度文化之主流，相對地說是出世的文
化；而儒家的修齊治平可說是重於入世的文化。中國文
化主流中，儒家過於重視現實、現世的人生問題，對於
生命的過去與未來存而不論，它雖不反對宗教，❹ 但也
讓中國人對宗教抱持淡漠的態度。法師說：

---

❷　「至於注重人事，固為中國之特性。但近人汪少倫說：中國過重人本，
　　不唯神，使宗教信仰不高超；不唯物，使自然科學不發達，為近代瀕危
　　之病根。」釋太虛，〈再議印度之佛教〉，《佛學》，《太虛大師全
　　書》第 25 冊，頁 66。
❸　釋聖嚴，《學術論考 II》，頁 92，行 3。
❹　「孔子不語怪力亂神，但也主張祭神、敬神，儒家雖非宗教，卻不否定
　　宗教。」釋聖嚴，《教育・文化・文學》，頁 69，行 11。

　　中國的孔子，是一位人文主義的大思想家，他除
了人生社會的倫理問題，絕少談到人生以外的形而
上學。所以孔子要「不語怪力亂神」，要說「未能
事人，焉能事鬼」；他對於生前死後的問題，總是
存而不論的。㉕

　　宗教信仰一向非中國文化中之主流思想，但遇生
命、生死等問題時，人們仍需要從宗教信仰中來獲得內
心的撫慰。於是下層的庶民乃至最上層的君臣也要接受
鬼神信仰，這造成中國民間信仰的興盛。聖嚴法師說：

　　這種思想蘊釀出中國知識階層的人本主義泛神論
哲學。知識分子都以活著的人為本，鑽研經世濟民
實物；市井百姓及一般庶民並無法從上層社會獲得
宗教的指引，但在面對無常人生時，又的確需要宗
教的安撫，於是轉而投向民間信仰。㉖

（一）漢傳佛教之轉機
　　在佛教三法印中「諸行無常」的法則下，常常呈現

<hr>

㉕ 釋聖嚴，《神通與人通》，頁 17，行 2-3。
㉖ 釋聖嚴，《書序 II》，頁 163，行 5-7。

紛擾無常的世相裡，也往往具有正與反的兩面性。印度型的宗教信仰之文化雖然無法獲得重於現世生活的儒家文化所認同，但佛教的種子已經播種在這樣重視現實、現世、人本精神的土壤中，吸收這一塊大地之營養而成長，逐漸孕育、轉化，終於發展出重視人本的、生活的、最清淨的中國禪宗。聖嚴法師說：

> 在釋迦牟尼佛時代，以佛及弟子所表現的紀錄來看，除了三法印的佛法之外，神祕的部分也是有的。可是到中國漢傳佛教，特別是禪宗，便將神祕部分全部過濾，只接受純粹由三法印而延伸的法義，講的是直指人心，明心見性，從內心做起，練自己的心，明自己的心，而得解脫，這又回到三法印的原則。雖然禪宗的歷史上，也有其神祕的部分，但是並不重視它。❷

一世紀，印度佛教東傳中土之時，中國已是文化非常發達的文明古國。印度佛教的佛法種子種在漢地的土壤裡面，然後生根發芽，因此長出來不可能跟印度佛教完全一樣。因為漢文化與印度文化不一樣，所以呈現出

---

❷ 釋聖嚴，《聖嚴法師教默照禪》，頁 160，行 10-14。

來的佛教面貌也相對地有所不同，這是很自然的事情，所以在中國發展出重視人本生活、清淨的禪宗，這是漢傳佛教的特色。漢傳禪佛教把神祕的部分過濾掉，這主要是因為融合於儒家文化的關係，比如：「子不語怪力亂神。」禪宗是「直指人心，明心見性。」鍛鍊自己的心，明自己的心，乃至得到究竟的解脫；能與三法印是完全相應的，而不會帶有任何神奇鬼怪等的雜質或副作用。

（二）漢傳禪佛教與如來藏

印度佛教之如來藏思想系統屬大乘佛教，大乘佛教即出世而入世，而更重於入世。又如來藏講「心佛眾生」、講「佛性」，最能與講究「心性」思想之中國儒、道文化相融合。儒、釋、道三教也有歷經相互折衝乃至排擠的過程，有識之高僧大德無不注意到有必要將佛教與漢文化做融合會通之工作，因此印度佛教得以在中土生根、成長、茁壯，而終於發展出與漢文化融合之漢傳佛教。其實不僅是漢傳佛教，甚至日本的禪與西藏的密之所以容易對外傳播，也跟如來藏信仰有關。而現在乃至將來佛教之世界性發展也以如來藏思想之適應性最大，因此如來藏系統之漢傳禪佛教，最適合今天乃至未來的世界佛教。聖嚴法師說：

　　因此我敢相信，適應未來的世界佛教，仍將以如來藏思想為其主軸，因為如來藏思想，既可滿足哲學思辨的要求，也可滿足信仰的要求，可以連接緣起性空的源頭，也可貫通究竟實在的諸法實相。㉘

　　所謂「如來藏思想可以滿足哲學思辨要求」，是指它可以達成與東西方各種哲學思想做論理思辨會通之需求。因為從實際佛教弘化的立場，一下子就講「空」、講「無我」，一般人是比較難以接受的，更遑論要如何在國際性的異文化中加以弘揚，因此從淺到深的層次與方便善巧就顯得非常重要。㉙所謂「如來藏思想可以滿足信仰要求」，是指「眾生具有佛性」的信仰。而「可以連接緣起性空，貫通究竟諸法實相」是說明：如來藏既不離初期大乘的緣起性空思想，㉚也貫通般若性空的「實相般若」，更指出《法華經》和《華嚴經》所說

㉘　釋聖嚴，《自家寶藏──如來藏經語體譯釋》，頁 5，行 3-4。

㉙　「先要把小我的自己建立起來，了解個人的自我及全體的自我是什麼，然後才能講無我。」釋聖嚴，《禪鑰》，頁 154，行 7-8。

㉚　「我說如來藏，不同外道所說之我。大慧！有時說空、無相、無願、如、實際、法性、法身、涅槃、離自性、不生不滅、本來寂靜、自性涅槃，如是等句，說如來藏已。如來・應供・等正覺，為斷愚夫畏無我句故，說離妄想無所有境界如來藏門。」《楞伽阿跋多羅寶經》，CBETA, T16, no. 670, p. 489, b4-9。

「諸佛的境界」。

聖嚴法師在東西方身歷其境的弘化經驗，說明了漢傳禪佛教的重要性。聖嚴法師之悲願是為復興漢傳佛教，但仍要吸收世界各系佛教之優點，**❸**融入漢傳佛教，為漢傳佛教所用。漢傳佛教之各宗都需要復興，都值得弘揚的。**❷**但漢傳禪佛教可吸收各宗之特長而會歸於禪宗，太虛大師也說過中國佛學之特色在禪。**❸**這也是聖嚴法師畢生要弘揚禪法的原因。

> 禪宗的適應性並不限於漢文化。西方人容易接受的佛法，不是中觀、不是唯識……所以在西方的社會，禪是比較容易被接受的，這也是我不論在西方或東方，都以弘揚禪法為主的原因。**❸**

如來藏系統，特別是禪宗，適合漢人文化之另一

---

❸ 這如太虛大師吸收宗喀巴之思想為漢傳佛教所用一樣。

❷ 實踐方面，聖嚴法師雖以弘揚漢傳禪佛教為主，但仍發願要發揚漢傳佛教之各宗，如晚年著述之《天台心鑰──教觀綱宗貫註》、《華嚴心詮──原人論考釋》等。

❸ 「故此為中國佛學最特色的禪宗，實成了中國唐宋以來民族思想全部的根本精神。」釋太虛，〈佛學源流及其新運動〉，《源流》，《太虛大師全書》第 2 冊，頁 930。

❸ 釋聖嚴，《法鼓家風》，頁 182，行 7-10。

原因,是著重於整體觀念的掌握,而非重於思辨分析之中觀、瑜伽哲學。所謂整體觀念的掌握,是「如來藏」講眾生都有「佛性」,不是一開始就說空、說無,因此能跟中國的儒家、道家相互調合,也易於為西方人所接受。但其實,如來藏本意是指「無我」之如來藏,因此可以跟「空」融會貫通。

> 中國的佛教,特別重視如來藏思想。對於印度大乘佛教和藏傳祕密佛教所提倡的中觀學派及瑜伽學派,不容易受到中國人普遍的歡迎。……中國佛教因為和儒家、道家思想背景配合調和,所以不習慣像中觀派及瑜伽派那樣的思辨哲學與分析哲學,而特別喜歡整體觀念的掌握。❸

漢傳佛教重視如來藏系統之弘揚,是因為能發展出普及化之教團;相對地,中觀、瑜伽比較限於少數人做思想研究,因此並不是那麼適於漢地本土文化中的普羅大眾。聖嚴法師說:

> 至於非如來藏系的中觀及瑜伽,在漢地雖也有人

---

❸ 釋聖嚴,《悼念·遊化》,頁 415,行 4-8。

研究，唯有少數的思想家當作哲學探討，並未發展成為普及化的教團，也許是曲高和寡，也許是跟本土文化，比較難以融合。❸

四、從慧解脫到平常心是道

漢傳佛教雖來自於印度佛教，但因融入了中國文化特色，故開展了異於傳統印度佛教。其中特別是禪宗，可說代表了漢傳佛教的精華。禪宗是否與印度佛教截然無關？答案是否定的。如上所說，漢傳佛教雖然有重視印度大乘後期如來藏思想的一面，但在修行觀念與方法上有承接於阿含——原始佛教——的修行核心理念；亦有承接於大乘初期般若思想的一面；當然也有融合漢傳佛教其它宗派修行要義之事實。以下我們將分「漢傳禪法與慧解脫」與「道在日用中的漢傳禪法」之二大部分來加以說明。

（一）漢傳禪法與慧解脫

佛教傳統之修學總綱，簡而言之，即戒、定、慧三學。而此三學之中，不共世間及其他宗教者為慧學。慧

---

❸　釋聖嚴，《自家寶藏——如來藏經語體譯釋》，頁 4，行 10-11。

學主要爲緣起法及緣起法所開展出來的諸行無常、諸法無我與涅槃寂靜三法印，修行者所要實證的也是這三法印。從早期釋尊的教法——阿含佛教——可歸納出非常簡要的修行方式：即是悟無常、無我，斷貪、瞋、癡三毒，然後實證心解脫與慧解脫。所有的解脫者基本上一定是慧解脫，然後依定力之深淺，也能有或多或少的定解脫，這也就是心解脫；若兼俱慧解脫並達成滅盡定者稱爲俱解脫，這是定慧具佳而以慧悟入而達到解脫的。其後又開展出，在悟入無常、無我之前有四念住（四念處）的修行法門，這是在悟入、證入三法印之前要兼修定與慧的階段，可說這是按照八正道次第的一般性修法，也就是修行四念處的正念而達成與慧相應的正定；最後開展出五停心觀的修法，這可說進入四念處之前，純粹爲培養定力的前置階段。

　　兼具有心解脫與慧解脫的俱解脫者是殊勝的，因其不但是內心離無明得慧解脫，也能離貪得心解脫，因此現世身心也是安樂自在（現法樂住）的，甚至能以禪定力而發三明六通。然而，定學共世間乃至外道，若不具備慧學，畢竟無法達到眞正佛教之解脫。因此，另有一類解脫者不具有初禪以上的禪定力，但也能以未至定（未到地定）來達到慧解脫，這類聖者不但沒有神通力，甚至五蘊身的苦受仍與常人相同，但對解脫生死無

明煩惱方面與俱解脫者是完全一樣的。在下表中，我們
舉出部派佛教論典中對這兩大類型解脫者的進一步分類
與敘述。若以《大毘婆沙論》❸ 說，將解脫分爲全分慧解
脫、少分慧解脫及俱解脫三種，其與能起禪定之關係
如下表：

表三：《大毘婆沙論》所定義之慧解脫與俱解脫

解脫之類型	能起禪定
全分（滿分 ❸）慧解脫	未至定
少分慧解脫	四靜慮（乃至有頂）
俱解脫	滅盡定

　　《順正理論》❸ 對上述兩類解脫也有一段討論：以

---

❸　「彼經中說：『慧解脫者不能現起根本靜慮。』答：『慧解脫有二種，
　　一是少分，二是全分。少分慧解脫，於四靜慮能起一二三；全分慧解
　　脫，於四靜慮皆不能起。此論中說「少分慧解脫」故，能起他心智。
　　《蘇尸摩經》說「全分慧解脫」，彼於四靜慮皆不能起。如是二說俱爲
　　善通。由此少分慧解脫者，乃至能起有頂等至，但不得滅定；若得滅
　　定名俱解脫。』」《阿毘達磨大毘婆沙論》，CBETA, T27, no. 1545, p.
　　564, b7-15。
❸　《毘婆沙論》之定義與《大毘婆沙論》類同，而將全分稱爲滿分。「諸
　　比丘答蘇尸摩：『當知我等是慧解脫人。』答曰：『慧解脫有二種：一
　　是少分，二是滿分。少分慧解脫者，能起一禪、二禪、三禪現在前；
　　滿分者，乃至不能起一禪現在前。此中說少分慧解脫，經中說滿分慧解
　　脫，是故二俱善通。』」《阿毘曇毘婆沙論》，CBETA, T28, no. 1546,
　　p. 401, a7-12。
❸　「慶喜答言：『俱解脫者，謂：入離欲惡不善法、有尋有伺、離生喜樂

未至定得解脫者稱爲「慧解脫」，慧解脫兼得初禪以上者稱爲「俱解脫」，進一步慧解脫兼得滅盡定者稱爲「圓滿俱解脫」。但此論也舉出《蘇尸摩經》而做另一種定義，即是：慧解脫兼得滅盡定者稱爲「俱解脫」，慧解脫兼得初禪以上者稱爲「慧解脫」，以未至定得解脫者稱爲「圓滿慧解脫」。因此該論主張需看怎麼樣的標準來看其定義，不應該有所諍論。最後結論：以慧解脫兼得滅盡定者做爲定義，稱爲「俱解脫」的標準；而對慧解脫者，不管有無初禪以上禪定，只要未達到滅盡定者，都稱爲「慧解脫」了。

表四：《順正理論》有關慧解脫與俱解脫之兩種定義

第一種分類	第二種分類	能起禪定
慧解脫	圓滿慧解脫	未至定
俱解脫	慧解脫	四靜慮（乃至有頂）
圓滿俱解脫	俱解脫	滅盡定

初靜慮中具足安住，及由慧故，見諸漏盡。齊此方名「俱解脫者」。』准此經說，知恣舉經。據遮圓滿俱解脫說，即此。經後復作是言：應知所餘，名『慧解脫』。又，遮慧解脫，起初根本定故。次，慶喜告迦莫迦：『具壽！當知非慧解脫！已入離欲惡不善法、有尋有伺、離生喜樂初靜慮中具足安住，然能以慧見諸漏盡，世尊說爲「慧解脫者」。由此，彼謂《蘇尸摩經》，且據圓滿慧解脫說：唯約已得滅盡定者立「俱解脫」。其理不成。』……隨說皆通，不應爲諍。然欲簡別令無雜者，應就滅定不得得說，以慧解脫無得滅定根本靜慮。」《阿毘達磨順正理論》，CBETA, T29, no. 1562, p. 725, b6-24。

　　總之，解脫可分爲慧解脫與俱解脫兩種，而禪宗是重於慧解脫的。以下我們舉聖嚴法師的兩段說明：

　　悟是什麼？它是解脫和智慧的異名。解脫分為兩種：慧解脫、定慧俱解脫。禪宗的悟，著重在慧解脫。❹

　　頓悟的事實在印度的釋迦時代就有許多的例子。羅漢的解脫共有兩類，那就是定慧俱解脫和僅僅慧解脫。禪宗主張定慧不二，以慧為主的法門，其實和佛陀時代慧解脫阿羅漢的例子相似。❹

　　又由下述《大毘婆沙論》❹之一段文可知佛法中「定」與「慧」之重要關係，特別是文中有劃下線之（1）、（2）、（3）三小段文，今說明如下：

　　又契經說：佛告苾芻：「我不唯說依離欲惡不善法、有尋有伺、離生喜樂初靜慮具足住等能盡諸

---

❹　釋聖嚴，《悼念‧遊化》，頁 311，行 10。
❹　釋聖嚴，《金山有鑛》，頁 167，行 8-9。
❹　《阿毘達磨大毘婆沙論》。（CBETA, T27, no. 1545, p. 818, a26-b11）

漏。（1）然由慧見亦能盡漏。」此經則顯有「未
至定依之盡漏」；又，未離欲染聖者，未得靜慮而
見聖諦。若無未至定，依何得起聖道，永斷諸漏？
由此故知：有「未至定依之盡漏」。問：何不即說
「初靜慮等能盡諸漏」，而說「依」耶？有說：
（2）靜慮有先曾得。若世尊說「初靜慮等能盡諸
漏」，則無知者謂「得靜慮，皆已盡漏。」是故，
佛說「依靜慮等，起無漏道，方能盡漏。」有說：
「諸定唯是奢摩他，要毘鉢舍那方能盡漏。」故說
依定應須起慧。有說：（3）「諸定多是曾得，勿
有戀著，不欲進修。」故說依之進求勝道，不應
生著。

（1）有依慧見，但不依（初禪以上）定力，而
只依未至定，同樣可見聖諦（見道），乃至盡諸漏
（解脫）。

（2）並非所有修得初禪以上的人，都能達到解
脫，必須還要看其所修的禪定是否是能發起無漏的解脫
道而定；也就是其所修的禪定必須與解脫慧相應，而非
單純的世間定而已。

（3）先修得禪定者，須放棄其對定的執著，修得
禪定後進一步依此定來修習勝道（解脫道）。

　　我們從《品類足論》❸中可看到修定的四種主要功能為：（1）現法樂住；（2）勝知見；（3）分別慧；（4）漏盡。其中（1）及（2）是初禪到四禪能發起的，因為這四種禪定中有喜樂等禪支相輔，止觀均行，所以又名為靜慮❹。以得禪定者而言，現實身心獲得深刻的禪定喜樂之覺受時，若無正知見而執著此定時，阻礙進一步修慧的機會，甚至誤以得定為得慧。勝知見則是因定而發起神通❺功能。神通對佛教而言只是修行過程之副產品❻；對漢傳禪佛教而言，修慧不修神通，另有一文化適應上的重要意義，這在前面「漢傳佛教之轉機」一節中已提出說明。其次，以未到地定所修之分別慧而言，當然是指欲界所修有漏之分別慧，而當與無漏慧相應時，就轉為無漏了。對此，我們同樣可以指出《品類

---

❸　「四修定者：一有修定─若習、若修、若多所作，得現法樂住；二有修定─若習、若修、若多所作，得勝知見；三有修定─若習、若修、若多所作，得分別慧；四有修定─若習、若修、若多所作，得諸漏盡。」《阿毘達磨品類足論》，CBETA, T26, no. 1542, p. 750, c21-25。

❹　「『靜慮』如何獨名為『勝』？諸等持內，唯此攝支；止觀均行，最能審慮；得現法樂住，及樂通行名。」《阿毘達磨俱舍論》，CBETA, T29, no. 1558, p. 145, b16-18。一般靜慮（又稱為禪那）專指初禪到四禪而言，未到地定雖不稱為禪那，但仍可稱為三摩地。

❺　「有餘師言：為欲勝伏諸隨煩惱，起勝知見。起此勝知見，不離光明想。此光明想，引天眼通。由天眼通，得勝知見。」《阿毘達磨順正理論》，CBETA, T29, no. 1562, p. 768, c1-3。

❻　除非因神通力而修得三明或漏盡通，因此神通也是非絕對必要的。

足論》中的一段經證。

　　分別慧：或欲界繫，或色界繫，或無色界繫，或
不繫。云何「欲界繫」？謂：為分別慧所攝欲界五
蘊。云何「色界繫」？謂：為分別慧所攝色界五
蘊。云何「無色界繫」？謂：為分別慧所攝無色界
四蘊。云何「不繫」。謂：無漏五蘊。❼

　　此外，不深修禪定的慧解脫者，對大乘行者而言，
另有一重要意義：因有深切悲願度生，雖具空慧而不
深入求證 ❽。原始佛教，如《阿含經》中對解脫者之敘
述，常常將「心解脫」、「慧解脫」並用而言，可知仍
強調個人解脫與禪定之修持的，這與大乘菩薩道之重於
慈悲利他不能不說仍有一段距離的 ❾。雖有出現如《須

---

❼　《阿毘達磨品類足論》。（CBETA, T26, no. 1542, p. 751, b16-21）
❽　「若菩薩摩訶薩具足觀空，先作是願：『我今不應空法作證，我今學時
　　非是證時。』」《摩訶般若波羅蜜經》，CBETA, T08, no. 223, p. 350,
　　a20-21。
❾　「聲聞的淨化自心，偏于理智與意志，忽略情感。所以德行根本的三善
　　根，也多說『離貪欲者心解脫，離無明者慧解脫』，對於離瞋的無量心
　　解脫，即略而不論。聲聞行的淨化自心，是有所偏的，不能從淨化自心
　　的立場，成熟有情與莊嚴國土；但依法而解脫自我，不能依法依世間而
　　完成自我。這一切，等到直探釋尊心髓的行者，急于為他，才從慈悲為
　　本中完成聲聞所不能完成的一切。」釋印順，《佛法概論》，頁247。

深經》❺之不以禪定得解脫之例，但並不特別受到強
調。因此聖嚴法師也肯定阿含佛教所代表的素樸性、人
間性與實用性，但其次第禪定並非一般人在日常生活中
可以體驗到的，這也是法師畢生要弘揚漢傳禪佛教之重
要原因之一。

　　《阿含經》所代表的素樸性、人間性、實用性，
是無可置疑的，然其涉及安心法的次第禪定，則
非一般人在日常生活中所能體驗的；所以禪宗將禪
修的工夫，運用到擔水砍材、飲茶喫飯等平常生活
中，乃是佛教傳到漢地之後不得不然的發展，這也
是《阿含經》所未能見到的特色。❺

（二）道在日用中的漢傳禪法

　　前述已說明，修未到地定者能具備如實觀察欲界五
蘊身心之分別慧功能，這對漢傳禪佛教之適應人間性、
生活性而言又有一重要特色。如《顯宗論》❺所說，修
此「諸聞思修所成善法及餘一切無漏有為」，「能引慧
生」。也就是以「聞思慧」知五蘊身心之苦與集（果與

---

❺　《雜阿含經》。（CBETA, T02, no. 99, p. 96, b25-p. 98, a12）
❺　釋聖嚴，《承先啓後的中華禪法鼓宗》，頁 60。
❺　《阿毘達磨藏顯宗論》。（CBETA, T29, no. 1563, p. 972, c15-20）

因）皆是空無我，進一步以「無漏有為」的修慧來實踐
聖道，❸最後能引起「無漏無為」的「解脫慧」生，這
都是以未到地定就能夠達成的。

> 若修三界諸加行善及無漏善，得分別慧。謂：從
> 欲界乃至有頂，諸聞思修所成善法及餘一切無漏有
> 為，總說名為「加行善法」。修此善法能引慧生，
> 於諸境中差別而轉，故言「修此得分別慧」。如說
> 善逝住二尋思，能如實知諸受起等。此顯修善得分
> 別慧。❺

日常生活的漢傳禪法可說有兩大類：一是適應於
漢文化之禪淨雙修念佛法門；二是無論東西方都能適用
的日常生活禪修法門。前者具有宗教信仰之成分，易普
及於漢文化區；後者則可不必講宗教信仰，可普遍於一
般社會大眾，乃至也可適於一神教之西方文化區。宋以
後之禪淨合流、禪淨雙修實為漢傳佛教千年以上之大
勢。其實，東晉的道安發願上生兜率見彌勒 ❺及廬山慧

---

❸　「不但有漏的苦與集，是空的，無我的；無漏有為的聖道，無漏無為的
　　滅，也是空的、無我的。」釋印順，《空之探究》，頁 107。
❺　《阿毘達磨順正理論》。（CBETA, T29, no. 1562, p. 768, c04-09）
❺　釋印順，《初期大乘佛教之起源與開展》，頁 154。

遠的結社念佛，❺ 都反映淨土法門易為普及於一般民間的風格。禪宗從高深到普及性的發展歷史中，似乎也與此簡易淨土法門相結合的過程有關。南朝時來華的初祖達摩大師雖帶來了大乘如來禪，但與梁武帝的「並無功德」典故，反映了曲高和寡的時代背景。四祖道信傳承達摩的如來禪法，並加上《文殊說般若經》的「一行三昧」，提倡「念佛心是佛」之不取佛相貌的念佛三昧法門，可說禪淨合流的先驅。但此為重於般若無相之禪法，而與重於他方世界之淨土法門有所不同。此之「一行三昧」因有「繫心一佛，專稱名字」的事修，為達摩禪開出了普遍性發展的方便。❺ 有唐一代，禪宗盛極而衰，五代的永明延壽禪師提出了「一念相應一念佛，念念相應念念成佛」的禪淨雙修法門以挽救時弊，復興明末佛教四大師之一的蕅益智旭，也相繼提出了此一主張，聖嚴法師說：

　　《宗鏡錄》內，常常說到：「一念相應一念佛，念念相應念念佛」的觀點；到了明末，蕅益智旭大

---

❺　釋印順，《佛法是救世之光》，頁 123。
❺　「達摩傳來的如來藏禪，本是少數人的修學，『領宗得意』是不容易多得的。道信與弘忍，在『一行三昧』的融合下，念佛，長坐，使門庭廣大起來，引入甚深的法門。」釋印順，《中國禪宗史》，頁 387。

師（西元一五九九——一六五五年）在其《靈峯宗論》內，也有多處引用了這兩句話。[58]

法師以「提昇人的品質，建設人間淨土」為淨化世界、淨化人心的理念，亦提倡「一念念佛，一念見淨土，念念念佛，念念見淨土」，來貫穿西方淨土、唯心淨土與人間淨土，可說與前面三位大師有著一脈相承的關係。法師說：

> 我們若能如此，則一念念佛時，一念見淨土，念念念佛之時，念念得見淨土。見的是什麼淨土？當然是阿彌陀佛的淨土，那是自心中的淨土，也未離開西方的淨土，這就是與四種淨土相接相連，不一不異的人間淨土。[59]

時代的巨輪似乎一直往前旋轉，而不斷地在加速之中。十八世紀的工業革命，是從古代傳統農耕文化轉變為近代工業文明的分水嶺，人類在享用物質文明的同時，其生活腳步也必須跟上機械的速度，否則便為物競

---

[58] 釋聖嚴，《法鼓山的方向》，頁 501，行 2-3。
[59] 釋聖嚴，《念佛生淨土》，頁 80，行 4-6。

天擇的定律所淘汰。甚至人與機械關係的轉變帶來人與
人階級地位的對立，共產主義於焉產生。二十世紀的資
訊革命之科技效率使人與物、人與人之互動更加迅速，
人類生活更加方便的同時，也承擔著更重的經濟、社
會乃至環境變遷危機。但科技文明是如此地具有「功德
天與黑暗女」的兩面性，不斷在解決舊問題的同時，也
一直在引發產生新的問題。現代人生活的特徵可以一個
「忙」字做為代表，聖嚴法師說：

> 現代人的生活，無時無刻、無方無處，不是在緊
> 張中度過。不論是吃飯、睡覺、逛街，甚至到海灘
> 游泳、山上度假，都是緊緊張張的。❻

因此，人們有必要以人文的角度重新定位人與物、
人與人，乃至人與己的關係，禪的功能是以人為本位來
檢視、來解決人類自身的問題，且不必一定要談到宗教
信仰，是最適合用來解決現代人的問題。法師說：

> 1.流動性太大，2.疏離感日重，3.無止境追求刺
> 激，4.失落了人生的希望。我便以禪法的功用，可

---

❻ 釋聖嚴，《動靜皆自在》，頁54，行6-7。

以治療這四種現代人生活的通病……。❻

　　法師提出禪修的四種功能:「認識自我、肯定自我、提昇自我(成長自我)、消融自我」來解決各類人的問題,而且透過法師自己經驗與整理,將禪修的好處與所有的人分享。

　　我只是透過自己的經驗,將釋迦世尊以來的諸種鍛鍊身心的方法,加以層次化及合理化,使得有心學習的人,不論性別、年齡、教育程度,以及資稟的厚薄,均能獲得利益。❻

　　此一日常生活中可運用的禪法,以部派佛教之修道論而言,即是本節一開始所說到的:修欲界禪定時可得到的加行善分別慧。以漢禪佛教的修行理論來說:即是天台四種三昧的「非行非坐三昧」,法師說:

　　智者大師是將傳自印度的兩種,加上慧思禪師所提出的兩種,整理後合稱四種三昧。特別是其中的

---

❻　釋聖嚴,《悼念·遊化》,頁 264,行 16-頁 265,行 1。
❻　釋聖嚴,《禪的體驗·禪的開示》,頁 3,行 12-13。

隨自意的非行非坐三昧，是將禪修的一心三觀之
法，用於日常生活，此於中國的大乘禪觀，是一大
突破性的新發展，對於此後禪宗所說「道在平常日
用中」，乃是先驅思想。❸

特別是馬祖道一禪師提出的「平常心是道」，對
漢傳禪法開啟了無限的靈活性。當然馬祖的這一思想與
南岳懷讓之「禪非坐臥」，六祖的「道由心悟，豈在坐
也」乃至《金剛經》的「如來」非「或坐若臥」之三者
門，都互有思想上之傳承關係。❹總之，從日常生活的
加行善分別慧開始鍛鍊，最終亦可開發出無漏慧，對此
一修行方法，法師也有簡要的說明：

　　正確的禪法是無漏正法，是根本法，唯有開悟的
　　人才能體驗到無漏正法。對於未開悟的人，禪宗祖
　　師教他們在日常生活中，時時刻刻把煩惱放下，守
　　住正念，吃飯時，心在吃飯；挑水時，心在挑水；
　　睡覺時，不胡思亂想，心也在睡覺；如此常將身心
　　守護住。然後教以參禪的方法，漸漸產生疑團，

---

❸ 釋聖嚴，《天台心鑰──教觀綱宗貫註》，頁33，行11-14。
❹ 釋聖嚴，《禪門修證指要》，頁92，行14-頁93，行2。

> 吃飯不知吃飯，睡覺不知睡覺，再進一步，破了
> 疑團，則達見性的境界，便是無漏正法的實現、體
> 驗。❻

五、從有心到無心，從小我到無我

聖嚴法師畢生以弘揚漢傳禪法為主軸來復興漢傳
佛教，這主要是透過「無我」之實踐性禪法來啟發、接
引各階層現代人。而「無我」除可與「空」做思想性之
相互會通之外，「無我」本身亦具有相當高的實踐性，
也就是說：「無我」可以同時做為指導修持禪法之「觀
念」與「方法」❻。如前面所提過的，如來藏可承接緣
起性空的源頭，這即《楞伽經》說到的「無我之如來
藏」❻。如其前所述，禪宗之「明心見性」可與漢文化之
儒、道「心性」思想相銜接，又無離佛教之「空無我」
思想。我們舉一下聖嚴法師對《金剛經》中「應無所住
而生其心」之解釋就可了解：

---

❻ 釋聖嚴，《四弘誓願講記》，頁 31，行 3-8。
❻ 「般若波羅蜜，也就是無相、無我，以及禪宗講的無念、無心。這是從
   基本的觀法無我、觀行無常而來。」釋聖嚴，《六波羅蜜講記》，頁
   45，行 6。
❻ 「為離外道見故，當依無我如來之藏。」《楞伽阿跋多羅寶經》，
   CBETA, T16, no. 670, p. 489, b19-20。

「應無所住」是沒有妄想的執著，「而生其心」
是有智慧的功能。❻❽

「應無所住」出現在《六祖壇經》裡面，《六祖
壇經》有兩個版本，一個是「敦煌本」，一是「宗寶
本」。學術上，認為較可信的是「敦煌本」，「宗寶
本」是元朝時被發現的。《六祖壇經》中，所講的自
性、法性都是指空性，只是表達方法不一樣。禪宗所悟
的這個空性，雖然可以用邏輯思辨，說明因緣法是虛無
的，但是只有唯證乃知。由於禪宗重於實修實證，而不
重於學理的辨證分析，因此學者們將禪宗判屬如來藏系
統。法師說：

其實，「佛性」、「自性」、「無」都是假名，
但因為禪宗沒有說明這些名相只是假名安立，所以
現代學者們，判定禪宗屬如來藏系統，而非中觀性
空之系統。❻❾

---

❻❽ 釋聖嚴，《學術論考 II》，頁 91，行 14。
❻❾ 釋聖嚴，《漢藏佛學同異答問》，頁 65，行 13-頁 66，行 2。

（一）「無我之如來藏」思想

其實，禪宗從信仰上講有「佛性」；從哲學思辨上講有「如來藏」本體論之方便，但實質上的禪悟一定指的是悟「空性」，而這是超越邏輯思辨、唯證乃知始可成就的，絕對無哲學上之任何「本體」可得的，聖嚴法師說：

> 禪宗所說的悟，不是哲學家所見的絕對自然或本體，它是即萬法的現象而從因緣關係中所見的空性；但它雖可通過邏輯思辨說明因緣生法無非虛幻，卻無法親自體驗到此空性的實相……唯有進入禪宗的悟境才成。❼

對於過去禪宗經常被批判是屬於真常唯心系之禪法，聖嚴法師也有相當之警惕，因此直接講「佛性」就是「空性」，不講「如來藏」或「真如」了。他說：

> 而過去的人提到禪的時候，都認為是如來藏、真如，那是屬於真常唯心的禪法。我講的禪不是如來

---

❼ 釋聖嚴，《禪的生活》，頁 215，行 5-9。

藏，我是把佛性講成空性，就是中觀的空。❼

　　甚至爲了指導純正禪法之修持，聖嚴法師對「空」
或「統一心」的經驗與「空性」有所不同，也做了相當
嚴格的把關，若不與「空性」結合，就容易成爲神我的
外道，而這也是佛教的危機之一。他說：

　　感受到空，感覺到空，體驗到空的，仍是自己——
　　仍有「我」在感受空，而將那個空視爲「我」，是
　　另一更深細難除的「自我中心」。❼

　　不論是有的經驗、空的經驗、統一的經驗，通通不是
　　開悟。諸位一定會問：「連開悟的經驗都不是開悟，那
　　什麼才是開悟？」開悟，不是知識，不是經驗，而是無
　　我的態度。❼

　　若以印度大乘三系而言，可以說聖嚴法師是依「無
我之如來藏」思想來復興、開展漢傳禪佛教。事實上，

---

❼　釋聖嚴，《法鼓家風》，頁 182，行 12。
❼　釋聖嚴，《聖嚴法師教觀音法門》，頁 79，行 15。
❼　釋聖嚴，《聖嚴法師教默照禪》，頁 138，行 8-9。

法師最初也以「無我」之禪法來弘化的，但發現不論東
方、西方人士都有難以接受「無我」的說法，甚至產生
抗拒之問題。類似這樣的敘述可在法師的著作中多次
見到。

　　不論是西方人也好，是東方人也好，若離開了
「我」便無事可談了，人都是以有我為基礎的，無
法驟然接受無我的觀念。❼

　　但是一般人還是很怕無我的觀念，因為一講到無
我，就覺得自己的價值、立場、目標、方向似乎都
消失了。❼

　　無論在東方人或西方人的社會裡，均對「無我」
的說法感到困惑，甚至抗拒。❼

　　因此法師先以佛法讓大家了解「自我」是什麼，再
進一步也可以接受「無我」的事實。透過此善巧的說明

❼　釋聖嚴，《禪的世界》，頁 50，行 7。
❼　釋聖嚴，《真正的快樂》，頁 57，行 12。
❼　釋聖嚴，《禪門》，頁 33，行 3。

之後，大家就比較容易接受「無我」了，法師說：

> 然而，要先讓大家從佛法的觀點清楚明白「自我」
> 是什麼，然後便可了解「無我」乃是事實。而佛法的
> 目的，也就是希望人人都能從自我的困擾，達到「無
> 我」的自在。❼

> 後來我也覺得這樣講佛法，對初學者可能太困
> 難、太高深了，所以決定先從「有我」開始談起。
> 其實佛法、禪法的修行，都是從有我開始的。❼

（二）「從小我到無我」之禪法體系

從上述可知道，在當代以如來藏系統佛法來弘揚
漢傳禪佛教是契理契機之事實。聖嚴法師發現一開始就
講無我的話，無論是東方人或西方人都會感到困惑，因
此就開展出「小我、大我、無我」之三個層次的禪法。
〈從小我到無我〉一文中，可以看到法師早期在美國教
授禪法時，建立了相當簡明扼要而實用的「小我、大
我、無我」之禪修體系，〈從小我到無我〉也成為法師

---

❼ 釋聖嚴，《禪門》，頁33，行 7-8。
❼ 釋聖嚴，《找回自己》，頁 115，行 10。

最初教授禪法之教材。因為「無我」除可與「空」做思想性之相互會通之外，「無我」本身亦具有相當高的實踐性，也就是說：三法印之一的「無我」，不但可做為指導禪法之「觀念」，從「我」到「無我」的修行歷程中，更可與禪修「方法」相結合。雖然禪不講層次，❼那是對非常少數的利根者而說的。由於法師建立了這樣簡要的禪法層次，使得一般人也能夠普遍接受「無門為門」的頓悟禪法了。

> 禪對現代人就是用它的方法和觀念來疏導：（1）用數息法及參話頭等的方法著手，（2）進而達成心念的集中，達成發現小我、大我及化為無我的目的。❽

> 在此小冊之前，我僅寫過〈坐禪的功能〉及〈從小我到無我〉的兩篇文章，作為教授修行方法的輔助教材。❽

---

❼ 「禪宗的開悟，不談層次，它是見性成佛，見性即見了佛性，就是跟佛所見的完全一樣。」釋聖嚴，《漢藏佛學同異答問》，頁 51，行 15-頁 52，行 1。
❽ 釋聖嚴，《東西南北》，頁 287，行 5-8。
❽ 釋聖嚴，《禪的體驗·禪的開示》，頁 4，行 10。

　　聖嚴法師不論在東方或西方弘揚，其實都講究竟的禪法是與「無我」相應的，但法師會先從「有我」爲入手來接引人。最初法師有寫兩篇文章：一篇是〈坐禪的功能〉，一篇是〈從小我到無我〉。所謂「小我到無我」，是指小我、大我、無我三個層次的觀念，這是聖嚴法師禪法的特色。甚至在默照禪和話頭禪裡，也都可看到與小我到大我、無我的層次相應的過程與方法。

　　站在大乘佛教廣度眾生，而相信一切眾生都有「佛性」的信仰立場，並回歸於與「無我」相應的「如來藏」思想，從而開展出這三個層次的方便善巧，可說是聖嚴法師對建立漢傳禪佛教修行體系的重要貢獻。傳統中國禪宗是以「無門爲門」爲頓悟法門，但過程與方法仍是有層次可講的，這也是法師一貫把握的原則。這樣三層次的禪法體系在法師的教法中都可看到，雖然使用的名詞多少有些差異，而從其對這三個層次禪法體系之多樣性的運用，可見到多麼受到法師的重視，而應也易於受到禪眾們的接受了。以下我們試舉出《法鼓全集》中多次出現「小我、大我、無我」之體系與層次的敘述，這代表著漢傳禪法的人間性、實用性，而且適於在東方、西方弘揚。

表五：聖嚴法師之基本禪法體系層次表

出處	基本禪法體系層次			
《禪的體驗·禪的開示》		小我	大我	無我
《禪鑰》		個人的自我	全體的自我	無我
《七覺支》《空花水月》		集中心	統一心	無心
《悼念·遊化》		孤立	獨立	不執著
《抱疾遊高峰》		專念	一念	無念
《禪與悟》		靜坐	（禪）定	禪
《禪的世界》		靜坐	禪定	禪
《拈花微笑》		制心	守一	守心（不動心）
《禪的生活》	不安心	安心	安心	無心可安
《法鼓鐘聲》	散亂妄想心	集中專注心	統一心	無心
《東西南北》	散心	專心	一心	無心
《悼念·遊化》	放鬆身心	專注	統一	放下身心
《禪與悟》❷	多心	少心	一心	無心
《聖嚴法師教默照禪》	放鬆身心	集中心	統一心	放下統一（無心）
《聖嚴法師教話頭禪》	散亂心	集中心	統一心	無心

　　從上表中，我們發現法師之默照禪與話頭禪法也都根據此種三層次的禪法體系來加以說明。但要注意的

---

❷　本分類為筆者根據聖嚴法師著作中之原意，來發想分類，其原為：「修行佛法或禪，還是須從『多』的妄想分別開始，經過統一的階段，才能到達『無』的層次。」釋聖嚴，《禪與悟》，頁216，行9。

是，法師說明這兩類禪法雖然也有這樣三個層次的過程，但不管在哪一個層次，都是以「無我」為指導的方向與目標。比如說：從小我到無我的過程中，雖然一定會經歷與統一心相應的「大我」層次。但是聖嚴法師的原則是：不管是修默照禪或話頭禪時，並不鼓勵人注意或進入統一心，禪者不應該有意圖要進入統一心，特別是深的統一心，因為那最多只能入定，而與明心見性之禪法不相應。因此，禪修者應該要把握正確的修行心態。原因是，漢傳佛教重視智慧的開發，是定慧齊修，若是常常想要入定的話，那入定裡面，只有定沒有慧，那就與漢傳禪法不相應。

　　因此，不論是默照禪或話頭禪，並不鼓勵注意或進入統一心。❽

　　如果經驗到統一心時，知道是統一心，因為正處在統一心的狀態中無法放下，等境界過了之後，要告訴自己：「這個境界不是我要的！」有統一心的經驗很好，但是不要去追求統一心，因為愈追求愈

---

❽　釋聖嚴，《聖嚴法師教默照禪》，頁 142，行 10。

得不到,而且統一心不一定有用,最多只能入定。❽

所以修行漢傳佛教禪法,不應該有追求入定的心態,這和漢傳禪法不相應;但在修行過程當中,有跟定相應的經驗並非壞事。因此修行禪法時把握正確的觀念、知見與心態是相當重要的事。但對曾有過統一心經驗者,只要不執著於統一心之經驗的話,對修持漢傳禪法並非壞事。法師說:

> 我們不希望進入念念統一的定境,但也不要把統一心當成壞事,可是絕對不要把統一心當成追求的目的。❽

(三)實用方便的漢傳禪法

聖嚴法師幾乎每一次開示禪法或者演講禪學時,用「小我、大我、無我」之三層次來講解的比例相當高。雖然用的名詞不一樣,但幾乎都與這三個層次是相應的。這三個層次雖然講從小我開始修行,如果在小我之前,就是指沒有修行的一般人的層次,所以經常是在有

---

❽ 釋聖嚴,《聖嚴法師教默照禪》,頁 142,行 7-9。
❽ 釋聖嚴,《聖嚴法師教默照禪》,頁 142,行 15。

妄想心、散亂心的狀態，那也就是散亂的我。用基本的禪修方法，可以體會到稍為安定的我時，從而認識到禪修前的我是多麼散亂、多麼不安定。從認識自我的過程之中體會到修行的好處，並且有必要繼續修行以不斷地提昇自我，這雖還是「小我」的層次，但是對一般人而言，已有相當地受用。

「表九」整理法師的禪法思想經典依據，可追溯到《六祖壇經》、《般若經》、《金剛經》。一切法空是《般若經》的中心思想，而「無相、無住、無念」是其指導修行的三大綱領，而「無相、無住、無念」可說中國禪宗六祖惠能大師將此《般若經》之修行法門發揚光大。惠能大師因《金剛經》「應無所住而生其心」而開悟。這「無所住」即是「無我」的生活態度。所謂開悟，固然是指的是悟到、見到無我的空性，但開悟之前，就以運用無我的態度來生活、來修行。「無我」不僅是非常重要的佛法觀念，更可運用於修行方法上，乃至可融合運用於日常的生活中。可說人類從出生之後，就會本能地意識所謂「自我」的存在，這是一種非常實在的存在感，不必特別有哲學或宗教上的訓練或教導就可以了解的。一旦經過佛法的熏陶之後，知道這一直覺存在的「自我」其實是虛幻不實在的，就漸漸能夠把或多或少的「我執」放下，這就是一種無我的生活態度。

因此，三法印當中的「無我」，比起「無常」與「空」
更具有實踐性與生活性，這也是「如來藏」系統佛法的
方便殊勝之處，同時也是漢傳禪佛教的方便殊勝之處。
觀念上對「無我」清楚的人，修行過程中只要有集中心
經驗的人，就能夠體會到所謂「自我是虛幻的」是怎麼
一回事。若進一步有「統一心」經驗的話，那就能夠體
會到什麼叫作「大我」。法師所講的「調心七層次」，
簡單地可歸納爲「集中心」、「統一心」與「無心」，
其實指的就是「小我」、「大我」與「無我」的三個
層次。法師更非常扼要地把印度佛教的四禪八定歸納爲
「統一心」。

　　定的經驗也有高低，故有四禪八定之分，但都不
　　出於統一心的範圍，而且尚未達到及於無心空慧的
　　實證。❽

---

❽　釋聖嚴，《禪與悟》，頁 10，行 8。

表六：統一心與四禪八定表解

	統一心		四禪八定
有心	身心統一 / 內外統一		未到定
	念念統一（絕對統一 **❽**）		四禪
	時空統一 **❽**		四空定
無心			

　　這樣的歸納是非常高明的說法，因為相應於漢傳
禪法是「惟論見性，不論禪定解脫」之重於發慧的「慧
解脫」修行方向的，也就是任何的次第禪定都可用「統
一心」來加以包攝。又《壇經》的「無住為本」及「宗
寶本」的「不思善、不思惡，什麼是明上座的本來面
目？」這就是參話頭的源頭。法師也很重視並弘揚大慧
宗杲「什麼是無？」的話頭禪。而話頭禪的四個層次：
念話頭、問話頭、參話頭、看話頭，也與調心四層次
的：散亂心、集中心、統一心與無心完全相對應。
　　相對於話頭禪的「參」疑情、破疑團而見性的法

---

❽　絕對統一：出自《聖嚴法師教默照禪》，頁 142 與《禪的體驗‧禪的開
　　示》，頁 105。

❽　時空統一：出自《禪與悟》，頁 221。但《禪的世界》，頁 167 中也有
　　出現「時空統一」，但這是用解釋「時間的統一」、「空間的統一」以
　　及「時空統一」三個層次的用法，若按前後文，此處之「時空統一」應
　　可涵蓋「內外統一」之層次而稍不同於《禪與悟》之「時空統一」之用
　　法。

門，默照禪是更直接地以放「捨」一切而達成悟境現前的法門。「捨」即捨一切念，最後連無念亦無，故《六祖壇經》以「無念爲宗」。法師在閉關的時候，用的是疑似默照禪的方法，就是用無念的修行法門，這「無念」就是「不思善不思惡」。

（四）默照禪與止觀

與話頭禪相比，默照禪較爲溫和，看似比較重於定力的培養，其實還是定慧一起修的。默照也跟止觀有非常密切的關係。止觀，其實是有兩個層次，第一個層次是修定，第二個是修慧，這是印度次第禪觀的修法。到了漢傳禪法的默照禪，就把它合而爲一，變成一個層次，這是默照禪殊勝的地方。事實上，在達到統一心之前，不管是印度禪的止與觀，或是默照禪的默與照，就像是同一隻手掌的掌心與掌背，是一體的兩面，並不相互分離。區別在於達到統一心的層次時，默照禪仍重於觀慧並不講求入定，因此對身心環境仍然覺照清清楚楚，只是內心不動，也無自我的執著心。這樣的統一心雖不是深定，卻是與慧相應的，不是純粹的定。若到達自我執著心完全放下時，即定慧相應，悟境現前。一般人在實際的修行過程與方法上還是可有兩個階段：先用直觀，先觀身、觀境、觀內外無限，最後是超越能所內

外的絕觀。如果能直接就用上絕觀法，這個是利根人。
絕觀觀想成功就是悟境現前，故默照的原理與印度禪之
止觀在方法上相通，而觀念上卻有所不同。

　　從「表七」中可以看到：其實我們的心，本來止與
觀兩種功能是兼具的。比如在我們沒有開始修行之前，
心的活動力非常強，但都是妄想雜念。這樣的觀的力量
接近100%；而止的力量接近0%。這是一般人的心的狀
態。在《禪的體驗‧禪的開示》❽中也有講到，一般人

表七：默照禪與止觀的修行原理

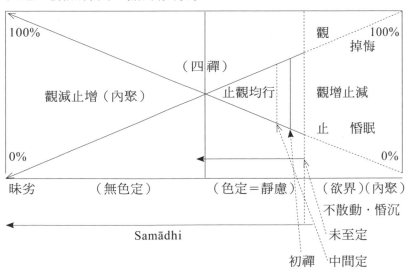

「我們的心，經常處於兩種極端的狀態之下：精力充沛之時，思緒極
　多，不易安靜，更不易凝定，否則，在無事可做之際，就不會感到寂寞

的心,不是散亂就是昏沉。當精神充沛之時,心會非常
地散亂、掉悔;當心沒有力氣的時候,自然就會昏沉。
基本的心態還是同一種,這是尚未修行前的心。

　　根據《俱舍論》的論點,心往中間跑,觀的活動力
(動亂、散亂狀態)稍微降低一點,但止的力量(安定
力)會逐漸增強。一直往中間到交會的這一點時是第四
禪,這是止觀均達到最優質的狀態,事實上修到初禪、
二禪、三禪或四禪時,止跟觀的力量都已達到相對的平
衡(止觀均行)。如果超過四禪進入四空定時,止會更
加強,但觀反而減弱;若進入非想非非想定時,止的力
量近乎 100%,而觀幾乎等於是 0%,如此深定之中,
心等於不動,卻反而無法用來修觀慧。所以禪宗並不重
視入定,法師甚至強調,連未到定都不應該想要追求去
進入。因此把握正確的方法即可修定,以禪宗之「明心
見性」而言,「無我」心態與觀念的把握最重要,❾ 因
為禪的修行法門著重於慧解脫的緣故。所以方法上,
默照禪一開始要修照(觀),不先修默(止),因為照

　　無聊;在精力疲憊之際,便會陷於睏頓、陷於晦暗、昏沉呆滯。」釋聖
　　嚴,《禪的體驗‧禪的開示》,頁 42,行 12-13。
❾　「用默照或打坐的方法是不能開悟的,只是幫助減少妄念,以此達成開
　　悟的目的。如果觀念不正確,沒有用無我的觀念來指導,最多只能入
　　定。」《聖嚴法師教默照禪》,頁 131,行 10。

（觀）是自然、現成的，很容易用上去；而且這觀一開始就是整體的，不是局部或一點的，這與四念處的總相念觀類似，而更直接簡單，❾ 這與《俱舍論》的看法也是一致的。默照禪一開始就是定慧齊修的法門，而更以慧爲主，以觀慧起修，最後達到與止（定）相應之慧解脫法門，從阿含 ❾ 、部派 ❾ 乃至大乘 ❾ 都可以找到它的經證。

---

❾ 「四念住的次第觀名爲『別相念』，整體的綜合觀名爲『總相念』。禪宗是從總相念的基礎上，教我們只管打坐，便是默照禪的入門手段了。因爲總相念是需要次第修行，而默照則是一開始就教我們不要管次第，只要求清楚地知道自己的身體是在打坐，呼吸也只是身體覺受的一部分，其他的問題不去管它，知道、放下，便是直接而簡單地在修默照禪了。」《聖嚴法師教默照禪》，頁 35，行 6-9。

❾ 「尊者阿難！修習於止，終成於觀，修習觀已，亦成於止。謂聖弟子止、觀俱修，得諸解脫界。」《雜阿含經》，CBETA, T02, no. 99, p. 118, b23-25。

❾ 「若毘鉢舍那熏修心者，依奢摩他而得解脫。」《阿毘達磨大毘婆沙論》，CBETA, T27, no. 1545, p. 148, a17-18。「若分別法相不繫心一緣者，入聖道時，名毘鉢舍那行者。」《阿毘達磨大毘婆沙論》，CBETA, T27, no. 1545, p. 148, b3-5。「設先入觀若至寂寞亦得解脫。」《修行道地經》，CBETA, T15, no. 606, p. 211, c18-19。「若以散心分別陰界入等，因此得緣滅止，是名以觀修心依止得解脫。」《成實論》，CBETA, T32, no. 1646, p. 358, c24-25。

❾ 「二者，毘鉢舍那熏修其心，依奢摩他解脫毘鉢舍那品諸隨煩惱。」《瑜伽師地論》，CBETA, T30, no. 1579, p. 849, c20-21。

（五）調心的歷程

　　聖嚴法師創立中華禪法鼓宗之悲願，是爲了弘揚漢傳禪法於世，法師從 1976 年起首先在美國指導禪修，因應西方人士要求親身體驗的實際利益之故，透過自己的體驗將釋迦世尊以來的諸種鍛鍊身心的方法加以層次化及合理化，使得有心學習者，無論中西人士均能獲益。法師經過四年的教學經驗，發展出一套綜合性的修行方法。修行方法中基礎而實用的是《禪的體驗·禪的開示》❺中的〈禪的入門方法〉一文，其中法師將「調心的歷程」分爲七階段。這是以調息的方法來說明調心的歷程，在法師所推廣的初級乃至中級禪訓班課程中是很重要的部分。我們將此七階段詳列於後：

　　1. 數呼吸之前，沒有集中心力的對象，心念隨著現前的外境，或回憶過去、或推想將來，不斷地、複雜地、千變萬化地起伏不已、生滅不已。

　　2. 數呼吸之初，數目時斷時續，妄想雜念，依然紛至沓來，但已有了集中注意力的主要對象。

　　3. 數呼吸之時，數目已能連續不斷達十分鐘以上，但是仍有許多妄想雜念，伴著數息的正念。

---

❺　釋聖嚴，《禪的體驗·禪的開示》，頁 43-45。

4. 數呼吸之時，正念不斷，雜念減少，偶爾尚有妄念起落，干擾正念的清淨。

5. 數呼吸之時，唯有清淨的正念，不再有任何妄想雜念，但仍清清楚楚地知道，有能數呼吸的自我、有被數的呼吸、有用來數呼吸的數目。實際上，雖到如此的心無二用之時，依舊至少還有三個連續的念頭，同時活動著。

6. 數呼吸，數到把數目及呼吸都忘掉了，感到身、心、世界的內外間隔沒有了，人、我對立的觀念沒有了，客觀與主觀的界限沒有了，那是一種統一的、和諧的、美妙的無法形容的存在，那是充滿了力量和愉快的感受。此時，至少尚有一個念頭在。也唯有到了此時，始為與定相應的現象。

7. 數呼吸，數到身、心、世界，全部不見了，時間與空間都粉碎了，存在和不存在的感受消失了，進入了虛空寂靜的境界，那是超越了一切感覺、觀念的境界。我們稱之為悟境。

但筆者發現法師在〈農禪寺第四十期禪七〉❾的開示中，將「數息的方法與層次」分為六階段的說明也與

❾ 釋聖嚴，《禪的體驗・禪的開示》，頁237，行15-16。

上面所說的七階段相類似。我們若將後者所說六階段中的第五階段，加到「調心的歷程」之七階段中的第五階段之後，從七階段變為八階段，那以此調息方法而開展出的調心層次的說明就更加完整了。我們將後者第五階段的內容引用於下：

　　第五階段，呼吸還在，數呼吸的我也還在，但是沒辦法數了。不是故意不數，而是呼吸微細沒什麼好數，還是在用功，只是少了數目。到這時候，知道呼吸就好，不必數了。

　　上述之第五階段是代表調息法中「隨息」階段加進來，全部的調心歷程從原來的七階段變為八階段之後，將可與「六妙門」做完整的對應，今表列於後：

表八：調心的歷程（八階段）與六妙門

六妙門	調心的歷程	調心四層次	小我到無我
1. 數	1. 散亂心	1. 散亂心	小我
	2.	2. 集中心	
	3.		

	4.		
	5. ‖‖‖		
2. 隨	6. ‖‖		
3. 止	7. ‖	3. 統一心	大我
4. 觀 5. 還 6. 淨	8.（無心）	4. 無心	無我

　　從上表中，我們將可看到：「調心的歷程」的八階段與「六妙門」的六階段，從散亂心到無心的「調心四層次」乃至從「小我到無我」的三層次將完全而清楚地對應。

　　以下，筆者將以聖嚴法師之「中華禪法鼓宗禪法開展示意圖」（表九），顯示法師畢生以復興承自禪宗六祖惠能大師之漢傳禪佛教悲願。特別是根據「無我之如來藏」方便，開創簡樸、扼要的「小我、大我、無我」之具有人間性、實用性、適應性之漢傳禪法，並將其弘傳至東西方。不僅如此，法師更將其弘揚禪法的歷程、內容記錄下來，成為一本一本的禪修著作供世人參考運用。法師也表明這些著作：「不是學問而是修行用的。這些書不是論文，但是，這些資料都是經過學術考證而

來的，它的功能是實踐的。」**⑨**這都再次顯示法師於著作之撰寫，雖運用了學術方法，但其最終悲願是：要將他所體驗到的佛法、禪法毫不保留地與世人分享。

六、結論：不忍聖教衰，不忍眾生苦

聖嚴法師於 1930 年出生於困苦萬端的大陸農村，這也是烽火交加的時代。此時的中國佛教現狀，根據法舫法師在其〈1930 年代中國佛教的現狀〉一文中，是用「衰敗是到了極點的了！」**⑨**來描述當時的禪宗狀況。法師「不忍聖教衰，不忍眾生苦」，以一介比丘而自修苦學，成就多種身分，創辦高級佛學研究所，培養佛教人才；創建法鼓山，建立僧團，弘揚漢傳禪佛教予海內外。創立「中華禪法鼓宗」，誓願要復興、整理、推動、弘傳臨濟、曹洞兩大宗派之禪法；以「提昇人品、建設淨土、心靈環保、三大教育」等之理念，推動人間化、世界性的人心淨化活動。法師為「漢傳佛教」——特別是「漢傳禪佛教」——之復興，開闢了一條康莊大道，願有志者繼起推動法師之悲願，更祈願法師早日乘願再來，以廣度娑婆苦難眾生。

---

⑨ 聖嚴法師於 2004 年 10 月 21 日對僧眾開示〈漢傳佛教〉。

⑨ 釋法舫，〈1930 年代中國佛教的現狀〉，《現在佛教學術叢刊·民國佛教篇》，頁 133，行 5-6。

表九：聖嚴法師之中華禪法鼓宗禪法開展示意圖

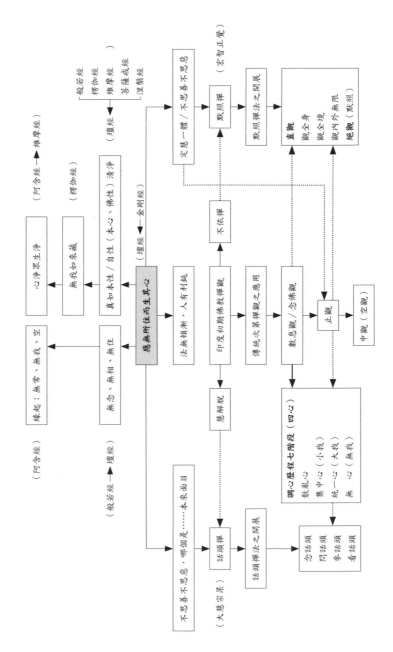

參考文獻

一、佛教藏經或原典文獻

《雜阿含經》。CBETA, T02, no. 99。

《修行道地經》。CBETA, T15, no. 606。

《楞伽阿跋多羅寶經》。CBETA, T16, no. 670。

《摩訶般若波羅蜜經》。CBETA, T08, no. 223。

《阿毘達磨品類足論》。CBETA, T26, no. 1542。

《阿毘達磨大毘婆沙論》。CBETA, T27, no. 1545。

《阿毘曇毘婆沙論》。CBETA, T28, no. 1546。

《阿毘達磨俱舍論》。CBETA, T29, no. 1558。

《阿毘達磨順正理論》。CBETA, T29, no. 1562。

《阿毘達磨藏顯宗論》。CBETA, T29, no. 1563。

《瑜伽師地論》。CBETA, T30, no. 1579。

《成實論》。CBETA, T32, no. 1646。

二、中日文專書、論文

釋太虛，〈佛學源流及其新運動〉，《源流》，《太虛
　　大師全書》第 2 冊，臺北：太虛大師全書編纂委員
　　1955 年。

釋太虛，〈議佛教辦學法〉，《僧教育》，《太虛大師

全書》第 17 冊，臺北：太虛大師全書編纂委員，
　　1955 年。

釋太虛，〈再議印度之佛教〉，《佛學》，《太虛大師
　　全書》第 25 冊，臺北：太虛大師全書編纂委員，
　　1955 年。

釋印順，《佛法概論》，臺北：正聞出版社，1949 年。

釋印順，《中國禪宗史》，臺北：正聞出版社，1970
　　年。

釋印順，《佛法是救世之光》，臺北：正聞出版社，
　　1980 年。

釋印順，《初期大乘佛教之起源與開展》，臺北：正聞
　　出版社，1980 年。

釋印順，《空之探究》，臺北：正聞出版社，1984 年。

釋法舫，〈1930 年代中國佛教的現況〉，《民國佛教
　　編》，《現代佛教學術叢刊》第 86 冊，臺北：大乘
　　文化出版社，1978 年。

南瀛佛教會，〈宗教統計資料〉，《南瀛佛教》第 18 卷
　　第 3 號，臺北：南瀛佛教會，1940 年。

釋聖嚴，《建立全球倫理 —— 聖嚴法師宗教和平講
　　錄》，臺北：財團法人法鼓山文教基金會。

釋聖嚴，《漢藏佛學同異答問》，《法鼓全集》第二輯
　　第四冊（簡稱 2-4，以下皆以簡稱表示），臺北：

法鼓文化，2005 年。

釋聖嚴，《學術論考》，《法鼓全集》3-1，臺北：法鼓
　　文化，2005 年。

釋聖嚴，《神通與人通》，《法鼓全集》3-2，臺北：法
　　鼓文化，2005 年。

釋聖嚴，《教育‧文化‧文學》，《法鼓全集》3-3，臺
　　北：法鼓文化，2005 年。

釋聖嚴，《留日見聞》，《法鼓全集》3-4，臺北：法鼓
　　文化，2005 年。

釋聖嚴，《悼念‧遊化》，《法鼓全集》3-7，臺北：法
　　鼓文化，2005 年。

釋聖嚴，《學術論考 II》，《法鼓全集》3-9，臺北：法
　　鼓文化，2005 年。

釋聖嚴，《書序 II》，《法鼓全集》3-10，臺北：法鼓文
　　化，2005 年。

釋聖嚴，《禪門修證指要》，《法鼓全集》4-1，臺北：
　　法鼓文化，2005 年。

釋聖嚴，《禪的體驗‧禪的開示》，《法鼓全集》4-3，
　　臺北：法鼓文化，2005 年。

釋聖嚴，《禪與悟》，《法鼓全集》4-6，臺北：法鼓文
　　化，2005 年。

釋聖嚴，《禪的世界》，《法鼓全集》4-8，臺北：法鼓

文化，2005 年。

釋聖嚴，《禪鑰》，《法鼓全集》4-10，臺北：法鼓文化，2005 年。

釋聖嚴，《禪門》，《法鼓全集》4-11，臺北：法鼓文化，2005 年。

釋聖嚴，《聖嚴法師教觀音法門》，《法鼓全集》4-13，臺北：法鼓文化，2005 年。

釋聖嚴，《聖嚴法師教默照禪》，《法鼓全集》4-14，臺北：法鼓文化，2005 年。

釋聖嚴，《動靜皆自在》，《法鼓全集》4-15，臺北：法鼓文化，2005 年。

釋聖嚴，《念佛生淨土》，《法鼓全集》5-8，臺北：法鼓文化，2005 年。

釋聖嚴，《金山有鑛》，《法鼓全集》6-4，臺北：法鼓文化，2005 年。

釋聖嚴，《東西南北》，《法鼓全集》6-6，臺北：法鼓文化，2005 年。

釋聖嚴，《步步蓮華》，《法鼓全集》6-9，臺北：法鼓文化，2005 年。

釋聖嚴，《兩千年行腳》，《法鼓全集》6-11，臺北：法鼓文化，2005 年。

釋聖嚴，《四弘誓願講記》，《法鼓全集》7-4，臺北：

法鼓文化，2005 年。

釋聖嚴，《自家寶藏——如來藏經語體譯釋》，《法鼓全集》7-10，臺北：法鼓文化，2005 年。

釋聖嚴，《天台心鑰——教觀綱宗貫註》，《法鼓全集》7-12，臺北：法鼓文化，2005 年。

釋聖嚴，《六波羅蜜講記》，《法鼓全集》7-13，臺北：法鼓文化，2005 年。

釋聖嚴，《法鼓山的方向》，《法鼓全集》8-6，臺北：法鼓文化，2005 年。

釋聖嚴，《法鼓家風》，《法鼓全集》8-11，臺北：法鼓文化，2005 年。

釋聖嚴，《找回自己》，《法鼓全集》8-12，臺北：法鼓文化，2005 年。

釋聖嚴，《法鼓山的方向 II》，《法鼓全集》8-13，臺北：法鼓文化，2005 年。

釋聖嚴，《真正的快樂》，《法鼓全集》10-3，臺北：法鼓文化，2005 年。

釋聖嚴，《華嚴心詮——原人論考釋》，《法鼓全集》10-9，臺北：法鼓文化，2005 年。

釋聖嚴，《承先啓後的中華禪法鼓宗》，臺北：聖嚴教育基金會，2007 年。

釋樂觀，〈三十年來中國佛教的回顧〉，《民國佛教

篇》，《現代佛教學術叢刊》第 86 冊，臺北：大乘
文化出版社，1978 年。

三、電子及網路資源

CBETA 電子佛典系列光碟（2009）。

《法鼓全集》網路版，http://ddc.shengyen.org/（2007-
2009）。

美國國務院民主、人權和勞工事務局，〈2009 年國際宗
教自由報告——臺灣部分〉，http://www.state.gov/
docu ments/organization/132869.pdf。

許介鱗，〈「認識臺灣」應從「認識日本」開始〉，《海峽
評論》185 期，2006 年 5 月號，http://www.haixiain
fo.com.tw/SRM/185-1032.html。

楊鳳崗，〈中國精神領域裡的躁動〉，《中信——傳雙
月刊》2007 年第 3/4 期，http://www.purdue.edu/crcs/
itemPublications/articles/Yang-zhongxin.pdf。

教育部電子報，http://epaper.edu.tw/e9617_epaper/news.asp
x?news_sn=1888。

The Renaissance Movement of Chinese Buddhism by Master Sheng Yen:
Focusing on the Chinese Chan Buddhism he established

▌ Abstract

Transmitted to China in Eastern Han Dynasty (25-220) and entered its prosperous time in Wei, Jin and the Southern and Northern Dynasties (265-589) periods, Chinese Buddhism reached its heyday in Sui and Tang Dynasties (581-907) and started its decline in Southern Song Dynasty (1127-1297). For almost a thousand years since then, it's been more or less at a low ebb, though it had a momentary revival in the late Ming Dynasty (1368-1644) due to the efforts and influences of the Four Main Buddhist Masters of that era.

Since the Industry Revolution in 18th Century, the situation of the world had been greatly changed, so as the international affairs. Yet, due to the Manchu Court's policy of isolationism, China became a conquered and victimized territory of the Great Powers. Populace were hard pressed and trampled, and the nation's on the brink of collapse under the crush of Western inroads and encroachments. No exception to the Chinese Buddhism as well. It's not until early 20th century when Master T'ai Hsü (1890-1947) made a clarion call to advocate the modernization of Chinese Buddhism after his travelling aboard for studying the conditions of Buddhism overseas, the light of reformation and renewal of the Buddhism has been seen once again.

Along with the three-generation master-disciple lineage, from Master T'ai Hsü, Venerable Tung Ch'u (1908-1977) to Master Sheng Yen (1930-2009), the vision and mission of Modern Chinese Buddhism were passed through, commencing from Humanistic Buddhism to the promotion and development of Pure Land on Earth. Master T'ai Hsü stated that the unique characteristic of Chinese Buddhism lied in Chan (Zen) School. Master Sheng Yen not only inherited Venerable Hsü Yün's (1840-1959) concept and methods of Chan lineage, merely as a monk, he also travelled aboard to study in Japan for years and received his Master and Doctorate degrees. He believed that Buddhist education is the key and foundation to the revival of the Chinese Buddhism in the long run. For more than twenty years, he'd been dedicating himself in establishing advanced Buddhism colleges. These colleges were finally accepted as formal national education institutions.

Moreover, Master Sheng Yen also dedicating himself in dharma preaching, promotion of Chan practices, writing books of Buddhism and establishing the Dharma Dram Mountain Sangha and the Practice Center. These all showed his strong determination to revive the Chinese Chan Buddhism, and to have it transmitted worldwide.

In his speech given to the Millennium World Peace Summit of Religious and Spiritual Leaders held at UN in 2000, he promoted the idea of Spiritual Environmental Protection. He urged people all over the world to use that as a key guide for achieving permanent world peace, and received resounding approval and praise from the participants. We may say that Master Sheng Yen's great forethought and his profound influences and contributions to world came from his compassion and wisdom rooted in Chinese Chan Buddhism.

Full text includes four parts. First: A historical analysis of Buddhism development, form modern to contemporary age, and its current situation. Second: A further discussion on "The crisis and the opportunity of contemporary Buddhism," from the cultural perspective. Third: A clarification of "The theoretical basics of the Chinese Chan Buddhism," by tracing back from the sutra and sastra of Indian Buddhism to the practice and philosophy of Chinese Buddhism. Finally: "On Master Sheng Yen's Renaissance Movement of Chinese Chan Buddhism," a conclusive inference on Master Sheng Yen's systems of thought regarding Chan practice and cultivation.

Keywords: Chinese Chan Buddhism, Tathāgatagarbha, No-self, Hua-t'ou, Mo-chao, Calming and Contemplation

漢傳禪佛教之起源與開展
——中華禪法鼓宗默照禪修行體系之建構

▎摘要

　　佛教傳入中國之後，經過千百年與漢文化之相互
激盪與融合，本土化最成功並截取中、印兩大文化——
佛教文化與漢文化之精髓，而足以代表漢傳佛教之特色
者，可說是唐宋以來的禪宗；爛熟的禪宗也反過來影響
著以儒、道爲主體的漢文化。當我們用「漢傳禪佛教」
一詞時，有著超越宗派而多少代表整體漢傳佛教之意
味。以戒、定、慧三學的不同面向來界定漢傳禪佛教的
話，叢林制度主要屬戒律學的範圍，而禪佛教的修行體
系與思想雖也與戒學有關，但主要屬於定學與慧學的範
圍。後兩者是本文所要探討的部分。漢傳禪佛教中，經
常提到「禪門無門」、「言語道斷」，歷代禪宗祖師
龐大的語錄多以實修指導爲主，禪宗向來寡談其在整體
中、印佛教發展中，禪佛教思想與修行體系之建構。本

文做新的嘗試，以跨越中、印佛教歷史思想發展之主
軸，來探討漢傳禪佛教之禪修思想起源與發展，輔以漢
傳禪佛教重要相關經論及祖師著作等，來探究禪宗傳承
自印度佛教及演變為漢傳禪佛教中，有其一貫禪修思想
核心之可能。最後則回歸到聖嚴法師創建的中華禪法鼓
宗的禪法思想，探討法師如何承接初祖達摩、六祖惠能
大師乃至虛雲老和尚之禪法脈絡，並如何加以開展而成
為中華禪法鼓宗之禪法特色。由於此論題較為龐大，本
論文將以默照禪為主。

關鍵詞：慧解脫、不依禪、默照、四念住、四無量

一、前言：回歸印度佛教，探源漢傳禪佛教

　　漢傳禪佛教向來重視實踐面與禪法心傳面，而寡談理論架構面之建立。然而，自十八世紀工業革命以來，理性主義抬頭，加上當代資訊科技日新月異，人們輕易地獲取各種資訊知識。做為領航心靈領域的宗教界要與時俱進，有必要積極將自身的宗教理論或宗教經驗做盡可能的合理說明，才能達到普遍弘傳的目的。唐宋以後的禪宗一度中衰，清末民初的虛雲老和尚再將傳統禪宗加以復興，聖嚴法師進一步以長時間在歐美弘化的經驗，截取其他系統佛教之長，融匯於漢傳禪法之時，而綜合創立中華禪法鼓宗，使之適合於當代東西方人士之用。特別在各系統佛教競相發展之中，實踐系統的佛教──「宗」，與論證系統的佛教──「教」，必須並行不悖、等同重視，才能將漢傳禪佛教發揚光大。話頭禪與默照禪為中華禪法鼓宗的兩大禪法特色，而聖嚴法師一生，對沉沒已久的默照禪加以復興，著力甚多。本篇試圖從中、印佛學思想中，建構其默照禪之學理體系。

（一）前人研究

　　1.陳英善在其〈聖嚴思想與如來藏說〉（《聖嚴研究》第一輯，頁383-414）對聖嚴思想與漢傳佛教的如

來藏思想有深入而精要的評析，但該文主要站在天台與華嚴的立場來評述。這與本文以禪宗的主體思想來探討中華禪法鼓宗與承接中、印佛教思想之脈絡有所不同。

2. 釋果光、釋常諗在其〈漢傳禪佛教的當代實踐——聖嚴法師的「心靈環保」〉（《聖嚴研究》第二輯，頁 241-304）一文中，以法師❶的禪法實踐為核心來闡述心靈環保，對法師的禪法實踐歷程有詳盡的陳述與整理。但該文對承接印度佛教方面著重於佛學思想方面；本文則著重於追溯印度佛教的禪修方法來探討中華禪法鼓宗的禪修體系。

3. 筆者在〈聖嚴法師之漢傳佛教復興運動——以漢傳禪佛教為中心〉（《聖嚴研究》第二輯，頁 303-356）一文中，是以漢傳禪佛教的立場，初步對聖嚴法師的禪法體系加以整理。本文則深入探討中華禪法鼓宗——特別是默照禪如何銜接上印度佛教的禪修學理。

（二）研究方法與限制

1. 研究方法

本計畫以《法鼓全集》為基本素材，跨越中、印佛教禪修思想發展為軸線，深入經典文獻，並參考相關專

---

❶ 本論文中若單獨用「法師」時，專指聖嚴法師。

論，從禪宗自身之立場，嘗試建構中華禪法鼓宗之禪修學理。

2. 研究限制與解決途徑

禪宗創立於中國，因融於漢文化之故，其與印度佛教之銜接，歷來頗受學者之質疑。對此，本論文將根據聖嚴法師所提示的基本素材，深入中、印佛教思想，也即是以文獻學上的根據與思想史發展的脈絡來加以釐清。

二、慧解脫、不依禪

（一）慧解脫與漢傳禪佛教

從阿含禪觀思想來探討漢傳禪佛教的修行理論根據，第一個——也是最重要的，莫過於是「慧解脫」的禪觀思想了。聖嚴法師的著作中也有明確的提示：

> 頓入佛知見，實際上是一種慧解脫。❷

> 無漏慧即是解脫慧，雖不一定要從修習四禪八定獲得，在得到解脫的一剎那間，自然跟定相應，這

---

❷ 釋聖嚴、丹增諦深喇嘛著，《漢藏佛學同異答問》，頁70，行9。

便是慧解脫的阿羅漢。❸

　佛陀時代有些「慧解脫」的阿羅漢，未先修定便
得離欲。❹

　……禪宗六祖的「即慧之時定在慧」。即定即
慧，即慧即定，實則重於慧解脫……。❺

　禪宗主張定慧不二，以慧為主的法門，其實和佛
陀時代慧解脫阿羅漢的例子相似。❻

　慧解脫有不同的類型與定義，也可兼有從深到淺的
不同禪定❼。歷代的禪宗祖師們大抵以禪悟發慧為主，
但也有深證禪定經驗的事例❽，然而「惟論見性，不論

---

❸ 釋聖嚴，《拈花微笑》，頁 116，行 9-10。
❹ 同上，頁 255，行 4。
❺ 釋聖嚴，《禪的世界》，頁 29，行 13-14。
❻ 釋聖嚴，《金山有鑛》，頁 167，行 9。
❼ 請參考《聖嚴研究》第二輯，筆者之〈聖嚴法師之漢傳佛教復興運
　動——以漢傳禪佛教為中心〉一文第四段：「漢傳禪佛教之修行理論根
　據」之「（一）漢傳禪法與慧解脫」項目（見同書，頁 320-332）。
❽ 比如，虛雲老和尚在其年譜中，於其開悟前的山洞自修中，有如同四禪
　天人的體驗。參考：http://book.bfnn.org/books2/1184.htm（2014/6/22）。

禪定解脫」可說代表著禪宗的基本立場。在阿含佛教中，論及慧解脫而最具有代表性的是《須深經》❾，印順法師❿及當代學者等⓫都曾加以論證。證得無漏解脫並不一定需要深定，在阿毗達磨佛教的重要論書──《俱舍論》中也提供了論據：

　　唯<u>初近分</u>亦通無漏。皆無有味。離染道故。⓬

　　上述引文中的「初近分」，即是未到定（未至定）。禪定是共世間與外道的，智慧不足的話也可能容易執著禪定中的覺受或經驗，甚至以定為慧。因此，禪宗的「不論禪定解脫」，也是有防患此一缺點的重要意義。雖然《俱舍論》也引述了不同的說法，說明修行者

❾　《雜阿含經》。（CBETA, T02, no. 99, p. 93, b25-p. 94, b1）

❿　釋印順，《空之探究》：「慧解脫阿羅漢，沒有深定，所以沒有見法涅槃 dṛṣṭidharma-nirvāṇa 的體驗」（Y38, p. 221），本文所引用印順法師著作，參考《印順法師佛學著作》DVD 光碟 Ver. 4.1（2008/7/1）。Y 表冊數，p 表頁碼。

⓫　如溫宗堃論文：Wen, Tzungkuen. (2012). The Direct Path of Mindfulness: Pure Insight Meditation in Theravada Buddhism. New Taipei City: DarChen Publisher。

⓬　《阿毗達磨俱舍論》卷 28，〈8 分別定品〉。（CBETA, T29, no. 1558, p. 149, b18-19）

也有可能對未到定加以執著❸，《順正理論》則加以說
明，在八種近分定之中，只有初禪近分定（未到定）是
通於無漏的，對初禪以上的七個近分定，曾經體驗過的
禪者，可能不易加以出離，故無法與無漏法相應。而未
到定不似初禪以上的強烈、深細，不易引起執著；且對
於自界（欲界）煩惱希望能夠出離，因此反而容易與無
漏法相應：

　　此八近分皆淨定攝，唯初近分亦通無漏，皆無有
味，離染道故。上七近分無無漏者，於自地法不厭
背故。唯初近分通無漏者，於自地法能厭背故，此
地極隣近多災患界故。以諸欲貪由尋伺起，此地猶
有尋伺隨故。❹

（二）「不依禪」與漢傳禪佛教

　　阿含佛教提供漢傳禪佛教的另一個禪法的教證是
「不依禪／真實禪」的修行方法。聖嚴法師說明這是祖
師禪的先驅。

---

❸　同註❷：「有說：未至定亦有味相應，未起根本，亦貪此故。」
　　（CBETA, T29, no. 1558, p. 149, b20-21）
❹　《阿毘達磨順正理論》。（CBETA, T29, no. 1562, p. 765, b15-19）

　　不依見聞覺知而修禪定，例如《雜阿含經》卷三
十三，便有如此的記載：「禪者不依地修禪，不
依水、火、風、空、識、無所有、非想非非想而
修禪，不依此世（界），不依他世（界），非日、
月，非見、聞、（感）覺、識（別），非得、非
求、非隨覺（受）、非隨觀（察）而修禪。」這與
傳統的印度禪的觀點，頗不相同，倒與中國的祖師
禪的風格很相類似。❶

　　法師所引述之經文出自《詵陀迦旃延經》❶，這無
所依的禪，該經稱為「真實禪」。印順法師對此經也有
深入加以剖析❶，並指出這一切不依的無相禪與大乘的
般若現證無不同❶，並主張初祖達摩「二入四行」的理
入也相當於大乘的般若現證、見道成聖、分證成佛，那
也就是初地菩薩之體證了。

---

❶　釋聖嚴，《禪的體驗‧禪的開示》，頁 52，行 11-15。
❶　下述網頁有對漢巴諸異本的比對：http://webcache.googleusercontent.
　　com/search?q=cache:wlJZNmiQlHwJ:yifertw.blogspot.com/2013_04_01_
　　archive.html+&cd=5&hl=zh-TW&ct=clnk&gl=tw（2014/6/2）。
❶　釋印順，《初期大乘佛教之起源與開展》。（Y37, pp. 278-285）
❶　同上：「這所說的一切，都不依止，離一切想的深禪，與大乘所說，般
　　若現證時能所雙忘，沒有所緣緣影像相，是沒有什麼不同的。」（Y37,
　　p. 280）

「與真理冥符，無有分別，寂然無為」，就是如智不二的般若現證。理入是見道，是成聖；依大乘法說，就是（分證）成佛。❾

下述《詵陀迦旃延經》的一段經文，對此一禪修法門有重要的啟示：

詵陀！若真生馬繫槽櫪上，不念水草，但作是念：「駕乘之事。」如是，丈夫不念貪欲纏，住於出離如實知，不以貪欲纏而求正受，……不以疑纏而求正受。

從上文看此禪觀的修法，有三大原則：

1.離五蓋——這是修定、修慧的基本原則。

2.不以五蓋煩惱而求正受（禪定）——即使修得禪定，也不被禪定所染。

3.住於出離如實知——即成就與四諦相應的慧❿。

論典上說，得色界禪定者必有相應的禪支相隨，從

---

❾　釋印順，《中國禪宗史》。（Y40, p. 12）
❿　《解深密經疏》卷6：「……愛味即是集諦，言乃至者即攝過患苦諦，出離是滅諦，如實知是道諦。」（CBETA, X21, no. 369, p. 328, b10-11）

初禪到四禪共有十八禪支，歸納起來有十一種類 ❹，聖
嚴法師也指出得初禪的禪定者會有身心輕安等美妙的覺
受 ❷ 與體驗 ❸，甚至南傳《清淨道論》也指出，在精進
修行而即將與聖道的觀慧相應之時，也很可能出現十種
「觀」的雜染 ❹，這些雜染主要還是因為對禪定有所著
之故，而最重要的染還是由於有所執著的「欲」而引起
的 ❺。《大乘起信論》也指出禪定共世間外道 ❻，聖嚴法
師對禪定與智慧、解脫的關係也提出明確的觀點：

---

❹ 同註❸：「靜慮支名既有十八。於中實事總有幾種。頌曰。此實事十
 一。」（CBETA, T29, no. 1558, p. 146, c18-20）

❷ 「初禪特相……即發動色界之四大極微與欲界之四大極微轉換，而起八
 觸十功德。」釋聖嚴，《六波羅蜜講記》，頁 34，行 4-5。

❸ 同上：「十功德者，八觸的每一觸，均具十功德，亦名十眷屬；即是與
 空、明、定、智、善心、柔軟、喜、樂、解脫、境界等相應。」（頁
 34，行 10）

❹ 《清淨道論》卷 20：「初步之初觀者，能生起十之觀隨染。即得通達觀
 隨染已，聖弟子於邪行道及放棄業處之懈怠者是不得生起。唯正行道、
 如理加行之初觀善男子僅得生起。然者，其等十隨染者云何？〔一〕
 光明、〔二〕智、〔三〕喜、〔四〕輕安、〔五〕樂、〔六〕勝解、
 〔七〕策勵、〔八〕現起、〔九〕捨、〔一○〕欲求。」（CBETA,
 N69, no. 35, p. 345, a6-10 // PTS.Vism.633）

❺ 同上：「此〔觀隨染之〕中，光明等是隨染之基故言為隨染，並非不善
 之義故。然，欲求是隨染，且為隨染之基。」（CBETA, N69, no. 35, p.
 350, a10-11 // PTS.Vism.637）

❻ 《大乘起信論》卷 1：「以修世間諸禪三昧，多起味著，依於我見，繫
 屬三界，與外道共。」（CBETA, T32, no. 1666, p. 582, b28-c1）

　　……執著於禪定的經驗,執著於禪定的寂靜,所以仍未得解脫……。❷

　　……中國禪宗的修行方法,特別重視智慧的開發,沒有智慧的禪定不是真正的解脫……。❷

　　與無漏解脫相應的禪定,可從「質」與「量」之兩大面向來加以說明。從「質」的方面來看,有三解脫門——即空、無相、無願三摩地(三三昧),這是從無我、涅槃、無常——三法印的內容而對解脫定的一種分類,如《俱舍論》所說:

　　空三摩地。……無相三摩地。……無願三摩地。……出世攝者唯通九地。於中無漏者,名三解脫門,能與涅槃為入門故。❷

　　從「量」的方面看,即是此三種無漏禪定與四禪八定之關係,這可分為九類,《俱舍論》說:

---

❷　釋聖嚴,《八正道》,頁 35,行 11。
❷　釋聖嚴,《悼念‧遊化》,頁 375,行 2。
❷　同註❷。(CBETA, T29, no. 1558, p. 149, c18-29)

若無漏道，展轉相望，一一皆與九地為因。謂：
未至定、靜慮中間、四本靜慮、三本無色。❸

　　《阿毘達磨》統稱無漏禪定為「七依定」，這是因
為四禪八定最後的非想非非想定，由於定力太過深細，
無法依之發起慧觀，而被排除在外。但這似乎只有七種
定，而看不到前述所謂九類（九地）中的「未至定」與
「靜慮中間」。對此，《順正理論》❸有加以說明：

　　……豈不契經說七依定，寧知別有未至、中間？
由有契經及正理故，且有未至。如契經言：諸有未
能入初定等，具足安住而由聖慧，於現法中得諸漏
盡。若無未至，聖慧依何？又《蘇使摩契經》中
說：有慧解脫者，不得根本定，豈不依定成慧解
脫？由此證知，<u>有未至定</u>。有中間定，如契經說：
有尋伺等三三摩地。經說：初定與尋伺俱，第二等
中，尋伺皆息。若無中靜慮，誰有伺無尋？……由
此證知，有中間定。然佛不數說，<u>有未至、中間，
以二，即初靜慮攝故，說初靜慮，即已說彼</u>。

---

❸　同註❷。（CBETA, T29, no. 1558, p. 32, a1-3）
❸　同註❹。（CBETA, T29, no. 1562, p. 765, c5-17）

　　上述《順正理論》從兩個觀點加以論證：第一是慧解脫的觀點，文中提到的《蘇使摩契經》就是我們討論過的《須深經》，即使不得根本定，以「未至定」也有可能達到慧解脫。第二是「尋伺等三三摩地」的觀點，這一組無漏定──有尋有伺、無尋唯伺、無尋無伺，這也可說從「量」的方面，對無漏定的另一種分類，其中的無尋唯伺，即中間定（靜慮中間）。因為未至定及中間定都可歸類到初禪，說「七依定」時就把這兩種定也包括在內了。說靜慮中間（不同於二禪之前的近分定）也是無漏，這是根據《阿毘達磨》的說法 ❸。此外，更早期的論書《品類足論》也明確地指出這組三三昧是無漏的。

　　有尋有伺地云何？謂欲界梵世，及一分無漏法。

---

❸　《阿毘達磨大毘婆沙論》卷161：「問契經但說：依初靜慮，乃至無所有處，能盡諸漏。云何知有靜慮中間，及未至定，依之盡漏？答：世尊說：有三三摩地能盡諸漏。謂：有尋有伺、無尋唯伺、無尋無伺。餘經又說：初靜慮名有尋有伺，第二靜慮以上名無尋無伺。若無靜慮中間，更說何等名無尋唯伺？由此知有靜慮中間依之盡漏。又契經說：佛告苾芻，我不唯說，依離欲惡不善法有尋有伺，離生喜樂初靜慮具足住等，能盡諸漏；然由慧見亦能盡漏。此經則顯，有未至定依之盡漏，又未離欲染聖者，未得靜慮而見聖諦。若無未至定，依何得起聖道永斷諸漏？由此故知有未至定依之盡漏。」（CBETA, T27, no. 1545, p. 818, a19-b4）

無尋唯伺地云何？謂修靜慮中間，得梵大梵及<u>一分</u>
<u>無漏法</u>。無尋無伺地云何？謂一切極光淨，一切遍
淨，一切廣果，一切無色，及<u>一分無漏法</u>。❸

　　這九類也就是可以用來發慧的四禪及三無色定之
「七依定」加上「未到定」，及初禪與二禪中間的「中
間禪」。我們將上述禪定類型之有漏無漏，配合止觀修
行的原理而整理如「圖一」❹。
　　從「圖一」可以看出，九種無漏禪定中的前三
個──未到定、初禪及中間定都集中在初禪的前後，而
《阿毘達磨》也將這三個定歸屬於初禪，足證修得無漏
定乃至解脫不需要太深的禪定，而世俗的四禪八定修得
再深也與解脫不相應。另外，我們再將此「九種無漏禪
定」與「有尋有伺、無尋唯伺、無尋無伺」三摩地做一
對應如「表一」。

---

❸　《阿毘達磨品類足論》。（CBETA, T26, no. 1542, p. 717, c13-17）
❹　本圖沿用〈聖嚴法師之漢傳佛教復興運動──以漢傳禪佛教爲中心〉之
　　「表七：默照禪與止觀的修行原理」修訂，請參考《聖嚴研究》第二
　　輯，頁 343-345，有關止觀之說明也請一併參考該文。

圖一：九種無漏禪定（示意）圖

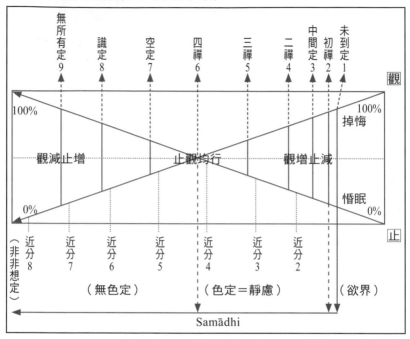

表一：「九種無漏禪定」與「有尋有伺、無尋唯伺、無尋無
　　　伺」三摩地對應表

有尋有伺	無尋唯伺	無尋無伺
未到定、初禪	中間定	二禪～無所有定

　　有尋有伺→無尋唯伺→無尋無伺之三三昧是三種心
念粗細的不同分類，但此心念粗細與修得無漏禪定沒有
絕對的關係，反而因有尋伺（覺觀）的作用，對發起無
漏慧是有幫助的，最細深的非想非非想定不起無漏定，

就是最好的說明。又「無尋唯伺」的中間定可以起無漏
慧，是值得我們加以注意的，因它與四無量心有關，而
修四無量心的法門與默照禪有關，對此，將於後面加以
論述。

經過上述分析後，我們再來看《詵陀迦旃延
經》❸ 以無所依而修的禪定。

> 比丘於地想能伏地想，於水、火、風想、無量空
> 入處想、識入處想、無所有入處、非想非非想入處
> 想。此世他世，日、月、見、聞、覺、識，若得若
> 求……乃至不依覺、觀而修禪。

此經中「不依」的「依」字，巴利文是 nissāya，
nissāya 除了「依止」、「依靠」，也有「因故」、
「為了」的意思。不依禪定而修禪，不以禪定為目的來
修禪，那不就等於是禪宗唯以「禪悟——開發智慧」為
目的特色嗎 ❸？印順法師主張迦旃延所修的真實禪就是

---

❸ 同註❾。（CBETA, T02, no. 99, p. 236, a27-b3）
❸ 印順法師說修這樣的真實禪與修菩薩般若相合。同註❶：「不住一切，
不念一切（也「不念是菩薩心」）（二），與佛化詵陀迦旃延 Sandha-
kātyāyana-gotra 的「真實禪」——不依一切而修禪相合。」（Y37, p.
636-637）

「無相心三昧（無相定）」：

　　……佛教迦旃延所修的真實禪，也是此無相心三昧的別名。……佛說這無相心三昧，是不依地水火風，不依受想行識，遣其能相所相，入真實禪而見真實。❸

印順法師同時提到此禪定有深有淺❸，甚至更進一步將此定分為「淺、深及最究竟」的三類：

　　無相心三昧，是有淺深的：①、②淺的還可能會退墮；③深的是見滅得道，成為聖者；④最究竟的，當然是一切煩惱空，阿羅漢的不動心解脫了。❸

筆者再進一步將印順法師所說「可能會退墮」，細分為「淺而會退墮」及「淺而不會退墮」兩類。也即

---

❸　同註❿：「無相心三昧，……是『一切相不念（作意）』而修成的三昧。……不作意一切相的無相心三昧，是**有淺深**的。」（Y38, p. 36）；「無相定，依修行者的用心不同，**淺深不一**；與成為定論的非想非非想處……滅盡定……無想定……都有關係……。」（Y38, p. 35）。
❸　釋印順，《性空學探源》。（Y11, p. 82）
❸　同註❿。（Y38, p. 44）

是將印順法師的三類全部分爲四類：淺而會退墮、淺而
不會退墮、深得聖者以及最究竟的不動解脫，分別用
①、②、③、④來代表。所謂④「最究竟」的無相心三
昧，就是滅受想定 ❹，不動心解脫也稱爲不時解脫 ❹，
這類的利根阿羅漢，不需要有特別的條件因緣，隨時可
以進入禪定。這還是從禪定上來加以解說的，從修無相
定進入滅盡定而言，可說是這一類特別利根的俱解脫
阿羅漢 ❹。但另有一個例子是指世尊在日常生活中，經
常進入的未到定，也稱爲不動心解脫 ❹，如《大毘婆沙

---

❹ 同註❿：「想受滅定，或名滅（盡）定，或名增上想滅智定……從初禪
說到四禪，從空無邊處到非想非非想處；在八定以上，說無相心定……
可見無相心三昧、與想受滅定的地位相當。」（Y38, p. 39）；同註❸：
「在無所有定之上說這無相心三昧是無想行定（地位與非想非非想定相
當），是一切定的最高深的，是無漏智所得的。這直證涅槃空寂的深
禪，是契入無相界的。」（Y11, p. 82）

❹ 《阿毘達磨俱舍論》卷 25，〈6 分別賢聖品〉：「……不動心解脫，以無
退動及心解脫故，亦說名爲不時解脫。以不待時及解脫故，謂：三摩地
隨欲現前，不待勝緣和合時故。」（CBETA, T29, no. 1558, p. 129, b3-6）

❹ 同註❿：「無想心定，依『空小經』，知道是無相心三昧 animitta-
cetosamādhi 的異譯。……但無想心定，還是有爲法，還是『有疲勞』
——惱患的，所以如樂著無想心定，就是非想非非想處。如觀無想心
定，是本行所作的有爲法，不樂、不求、不住，那就以慧得解脫——空
欲漏，空有漏，空無明漏，得究竟解脫，也就是無相心解脫中最上的**不
動心解脫** akuppā-cetovimutti。……『空小經』在無所有處以上，別立非
想非非想處。然後說無相心三昧，空於非想非非想處；再依無相心三
昧，觀有爲是無常滅法，得漏盡。」（Y38, p. 49）

❹ 《阿毘達磨大毘婆沙論》（CBETA, T27, no. 1545, p. 316, a19-25）

論》說:

> 有作是說:「此契經中說:<u>未至定名,不動心解</u>
> <u>脫</u>。說:根本靜慮名,增上心現法樂住。世尊多起
> 未至定現在前,非根本靜慮。」謂:<u>食前、食後,</u>
> <u>將說法時,及說法竟、并說法已,入靜室時</u>,佛雖
> 於諸定能速疾入,而於最近者,數入非餘,故<u>佛數</u>
> <u>數入未至定</u>。

按上述引文文意,世尊的「食中」及「說法中」
不列入「未至定」,應是將「定」僅限於靜態的身心所
致。若是大乘禪定——特別是禪宗的禪定,則動態中也
可以與定相應的。又《俱舍論》說修定有四種功德 ❹,
其中的第三種是「分別慧 prajñāprabheda」,曾經得出
禪定的人,出定之後,因定力的餘勢相隨,在日常生活
中能念念清楚,身心也接近禪定的狀態 ❺。但此分別慧

《大智度論》則說,佛出定之後,也經常處於欲界定中。見同論卷 26
〈序品 1〉:「佛從定起,入欲界定,初無散亂心時,以是故名無不定
心。」(CBETA, T25, no. 1509, p. 248, b15-16)

❹ 同註⓭:「契經復說,四修等持:一爲住現法樂,二爲得勝知見,三爲
得分別慧,四爲諸漏永盡,修三摩地。」(CBETA, T29, no. 1558, p.
150, a16-18)

❺ 釋印順,《華雨集》第 3 冊:「深入禪定而定心明淨的,出定以後,有

有兩類——有漏分別慧與無漏分別慧 **⑯**，一般人修得世間定，出定之後會出現有漏的分別慧的功能；但修得無漏定的——如世尊，就有「如實知」的無漏分別慧的功能，如《順正理論》**⑰** 說：

> 若修三界諸加行善，及無漏善，得分別慧。謂：從欲界乃至有頂，諸聞、思、修所成善法，<u>及餘一切無漏有為</u>，總說名為加行善法。<u>修此善法，能引慧生，於諸境中，差別而轉。故言，修此得分別慧。如說：善逝（世尊）住二尋思，能如實知諸受起等，此顯修善得分別慧。</u>

可說世尊的日常生活中與一般人同樣會接觸五蘊（pañca-khandhā）法，但由於一般人的執取（＝

定力的餘勢相隨，似乎在定中一樣，這才能語默動靜，往來出入，觸處歷歷分明，不妨說語默動靜都是禪了。」（Y27, p. 156）

⑯ 《阿毘達磨品類足論》卷 14，〈7 辯千問品〉：「為分別慧。或有漏或無漏。云何有漏。謂為分別慧所攝有漏五蘊。云何無漏。謂無漏五蘊。」（CBETA, T26, no. 1542, p. 751, a3-4）

⑰ 《阿毘達磨順正理論》卷 79：「若修三界諸加行善，及無漏善，得分別慧。謂：從欲界乃至有頂，諸聞、思、修所成善法，**及餘一切無漏有為**，總說名為加行善法。修此善法，能引慧生，於諸境中，差別而轉。故言，修此得分別慧。如說：**善逝住二尋思，能如實知諸受起等，此顯修善得分別慧。**」（CBETA, T29, no. 1562, p. 768, c4-9）

受，upādāna），這五蘊法就成為有漏的「五取蘊
Pañcupādānakkhandha」，但對世尊而言，因不會執取
故，這五蘊法事實上是無漏法，如《雜阿含》第56經
說：❹

> 我今當說有漏、無漏法。若色有漏、是取，彼色
> 能生愛、恚；如是受、想、行、識，有漏、是取，
> 彼識能生愛、恚，是名有漏法。云何無漏法？諸所
> 有色無漏、非受，彼色若過去、未來、現在，彼色
> 不生愛、恚；如是受、想、行、識，無漏、非受，
> 彼識若過去、未來、現在，不生貪、恚，是名無
> 漏法。

可說「世尊生活中的如實知」是與無漏相應的，
世尊入於定中的話，當然也是與無漏相應。「世尊生
活中的如實知」中，雖有五蘊法，但對世尊而言是無
漏（無我）的，因為「非受」之故。相對地，即使是修
得世間定，還是有漏的。最後，「世尊的定」是無漏定
（無我），不同於仍有一個大我（一心）存在的有漏世
間定。

---

❹ 同註❾。（CBETA, T02, no. 99, p. 13, b25-c3）

表二：「世尊生活中的如實知」、「世間定」、「世尊的
定」之有漏、無漏

世尊生活中的如實知	無漏
世間定	有漏
世尊的定	無漏

　　經此一分析，我們發現：無論是世尊所進入的定
境，或是生活中的定，都無法用世間定的標準來加以分
析或解釋。如依據《大毘婆沙論》的說法，佛的生活中
（稍事休息時），經常是維持在未至定的狀態中，可以
推想佛正在說法、飯食等時，不是未至定的話，也是與
未至定相當接近的狀態。而這樣經常維持與定境相應，
主要還是由於慧的功能所致——煩惱已解脫的緣故。如
《順正理論》❹所說的，佛的心必然是正念正知，心不
起貪欲，對境心不亂，故稱爲「常在定」，這是相當
地中肯之見了。這與《壇經》❺「外離相曰禪，內不亂

---

❹　《阿毘達磨順正理論》卷 36：「有餘部說：諸佛世尊，常在定故，心
　　唯是善，無無記心。故契經說：那伽行在定，那伽住在定，那伽坐在
　　定，那伽臥在定。」
　　毘婆沙師作如是釋：「**此顯佛意必正知**，（異熟）生亦無有，**心不隨欲
　　起。於境無亂，故立定名。**」（CBETA, T29, no. 1562, p. 547, c7-12）
❺　《南宗頓教最上大乘摩訶般若波羅蜜經六祖惠能大師於韶州大梵寺施法
　　壇經》卷 1：「……此法門中，何名座禪？此法門中，一切無礙，外於
　　一切境界上，念不去爲座，見本性不亂爲禪。何名爲禪定？**外離相曰
　　禪，內不亂曰定。**」（CBETA, T48, no. 2007, p. 339, a3-6）

日定」之旨趣可說有異曲同工之妙。而且，此「定慧一體」❺ 即是「（不動心）解脫」❺ 的論點也與《壇經》相當一致了。甚至，此一「未至定」之「不動心解脫」也和我們前述《須深經》，以「未至定」而達到「慧解脫」的觀點也相合。

印順法師❺ 更引述《中阿含經》❺ 說到，佛的行、住、坐、臥都在定中，佛由菩薩修成，因此這成為菩薩三昧行的特色。筆者認為這又可以成為「如來禪」的有力論證之一。「無相心三昧」的③「見滅得道」，來自部派佛教，而與大乘的無生法忍相通❺，這樣的真實

---

❺ 同註❺：「善知識，我此法門，以定惠為本。第一，勿迷言惠定別，定**惠體一不二**，即定是惠體，即惠是定用，即惠之時定在惠，即定之時惠在定。……莫言先定發惠。先惠發定。定惠各別。作此見者。法有二相。」（CBETA, T48, no. 2007, p. 338, b6-12）

❺ 同註❺：「以智惠觀照，內外明徹，識自本心。若識本心即是**解脫**，既得**解脫**即是般若三昧。悟般若三昧即是無念……即是般若三昧，自在**解脫**，名無念行。」（CBETA, T48, no. 2007, p. 340, c17-23）

❺ 同註❼：「《中阿含經》的〈龍相應頌〉，讚佛為大龍，「龍行止俱定，坐定臥亦定，龍一切時定」。巴利藏作行、住、坐、臥都在定中。這是讚佛的，佛由菩薩修行所成。菩薩三昧行的特色，不偏於靜坐，而在行、住、坐中修習，這是從這一思想系中引發出來的。」（Y37, p. 1223）

❺ 出於〈2 龍象經〉，相當於南傳 A. VI. 43. Nāga.。（CBETA, T01, no. 26, p. 608, c14-16）

❺ 同註❼：「大眾部及上座部系分別說部各派，都一心見道。滅——涅槃空寂的契入，雖修道次第方便不同，而「見滅得道」，與大乘佛法的「無生忍」，實是血脈相通的。」（Y37, p. 365）

禪❺也就與菩薩的般若相合❺。總之，不依禪定而修無相定，最高可進入滅盡定的④「最究竟」一類，也就是「俱解脫阿羅漢」。③「深」的「見滅得道，成爲聖者」一類，也就是證入初果的聖者。但我們看本經的一段文，除了可證入初果的「法眼淨」之外，也可證到「不起諸漏，心得解脫」四果的阿羅漢。

> 佛說此經時，詵陀迦㫎延比丘遠塵離垢，得法眼淨。跋迦利比丘不起諸漏，心得解脫。❺

這裡的「不起諸漏，心得解脫」與《須深經》中的「不起諸漏，心善解脫」應具相同意義，也就是說，《詵陀迦㫎延經》所用的「無相定」法門，可以證得「（圓滿）慧解脫」型的阿羅漢。這不依（修得初禪以上之）禪定而得禪慧的法門，可以提供漢傳禪佛教定慧等持——重於智慧的開發而非次第禪定的修得——重要

---

❺ 同註❼：「不住一切，不念一切（也「不念是菩薩心」）（二），與佛化詵陀迦㫎延 Sandha-kātyāyana-gotra 的「眞實禪」——不依一切而修禪相合。」（Y37, p. 636-637）

❺ 《小品般若波羅蜜經》卷1，〈1 初品〉：「菩薩行般若波羅蜜時，應如是學，不念是菩薩心。所以者何？是心非心，心相本淨故。」（CBETA, T08, no. 227, p. 537, b13-15）

❺ 同註❾。（CBETA, T02, no. 99, p. 236, b8-10）

的論證❺，而這也合乎佛教以慧學為核心，不共世間、外道的本質。

印順法師提到修無相心三昧，①、②「淺的還可能會退墮」。其實，修證的退不退問題，從阿含佛教到部派佛教都有許多的討論。聖嚴法師指出：禪宗的見性，最高的可以成聖、成賢，或者只是凡夫，但還是比凡夫高一層，至少奠定了修行的基礎和信心，並會努力繼續修行。

一般(1)凡夫或(2)賢人、(3)聖人修祖師禪容易得受用，原因在你努力修禪的時候，能夠把心頭的煩惱撥開一下子，而見到一點智慧的光，也就是禪宗祖師所謂的「見性」或「見自性」……

曾經開過智慧之窗的凡夫，比起心地一片無明的凡夫要高一層，至少他奠定了修行的基礎和信心，他知道繼續努力修行。❻

---

❺ 這裡，印順法師是用「中觀（中道觀）」的立場（方法）來加以說明。同註⓱：「深觀一切空寂，所以離有離無。這是以佛為詵陀所說的──離有無的緣起中道觀，解說這不依一切，離一切相的深禪。拿詵陀法門來解說詵陀法門，這應該是最恰當的了！」（Y37, p. 281）

❻ 釋聖嚴，《學術論考》，頁 68，行 3-13。

　　法師又多次提到，禪宗的開悟、見性有許多層次，只是暫時沒有煩惱那是凡夫；煩惱不現行而根還在的話是「賢」，眞正得一分的解脫時是才是聖人。下述三段引文中的第一段中雖只講到凡與聖兩位，但凡夫位可概括外凡（有退的凡夫）與內凡（賢位）。

　　縱然在開悟之後，也不等於不必再修行了。「悟」是體驗到當煩惱脫落時，心非常地自在，但還是凡夫，需要繼續地修行，那是從明知煩惱、調伏煩惱、斷滅煩惱，才算轉凡成聖。❺

　　開悟並不等於成了聖人，徹悟也可能不一定是聖人⋯⋯

　　如果煩惱只是暫時不生起，那仍然是(1)凡夫；如果煩惱不會再現形，可是內在煩惱的根還在，這是(2)「賢」而不是(3)「聖」。通常我們所謂徹悟的人，大致上是進入賢位的階段，信心已經成就，能夠調伏煩惱，但是還沒有斷煩惱，因此要長養聖胎，就像是胎兒一樣。❻

---

❺　釋聖嚴，《抱疾遊高峰》，頁 81，行 10-11。
❻　釋聖嚴，《聖嚴法師教話頭禪》，頁 161，行 6-12。

　　直到真正體驗到佛法的時候，即是「見性」，其
中有著不同的深淺層次……但是見性並不等於解
脫。然後，真正得解脫一分時，從此進入聖位，成
為聖人。見性時也就進入了「見道位」，亦即「六
根清淨位」……。❻

　　上面三段引文中的最後一段，法師是以「唯識修道
五位」搭配圓教來說，「六根清淨位」相當於賢位，故
此段只說到聖位與賢位，沒有談到有退的凡夫位。下一
段的相似即佛與分證即佛同樣指的是：賢位與聖位。

　　禪宗所說的「見性成佛」，淺者屬於相似即佛，
深者也不能超過分證即佛。❻

　　禪宗向來對開悟見性，並不多講層次的問題。從上
述「六根清淨位」、「相似即佛」及「分證即佛」之引
文，可看到法師多引天台教觀（圓教）來加以說明。在
此，我們將印順法師所說的不依禪（無相三昧）——①淺
（有退）、②淺（無退）、③深之三層次，與聖嚴法師

---

❻　同上，頁184，行12-頁185，行2。
❻　釋聖嚴，《禪鑰》，頁132，行9。

所說開悟的層次與天台教觀做對應，可得出「表三」。

表三：修不依禪（無相三昧）禪宗見性（開悟）〔天台教觀（圓教）〕之對應表

淺深	①淺（有退）	②淺（不退）	③深
凡聖	⑴凡夫	⑵賢位	⑶聖人
六即佛	觀行即	相似即	分證即
行位	五品弟子位	十信位（六根清淨位）	十住、十行、十迴向、十地等覺
煩惱	暫時沒有煩惱	煩惱不現行（煩惱根還在）	斷一分無明，得一分解脫

　　印順法師對修無相心三昧而所證的凡聖及有退、無退，主要著眼於印度佛教的立場，他說到的「淺的還可能會退墮」，可理解為：「淺」的之中，有一類有退，另一類不退。又，深的成為聖者，以小乘而言即是初果，以大乘──別教而言即是初地。唯有④「最究竟」的「俱解脫」一類，對禪宗而言，可說是存❻而不論❻的。對本文所說的凡聖、退不退之論述，可說印順

---

❻　「存」，即學理上承認它的存在，如智旭在其《閱藏知津》卷 27 上所說的：「……名慧解脫，兼修八解脫者，名俱解脫。」（CBETA, J32, no. B271, p. 109, c18-19）

❻　「不論」，如《大慧普覺禪師語錄》等所說的「是聖是凡俱解脫」（CBETA, T47, no. 1998A, p. 847, c26-27），文中所說的「俱」是「凡聖俱」，而非阿毘達磨所說的「定慧俱」。

法師是本於印度佛教立場，而聖嚴法師則根據漢傳佛教
（天台）的立場。雖兩者立場有所不同，我們仍然可以
找出交集點而加以比較。印順法師講的「聖者」明指
小乘的初果，也意味著大乘的初地。聖嚴法師說的「聖
人」是天台的分證即，那是天台圓教初住位以上，也相
當於別教的初地以上的聖位菩薩。

　　研究禪宗對見性與禪定、解脫之關係，考察元·
「宗寶本」《壇經》上有「惟論見性，不論禪定解
脫」❻之語，但不見於「敦煌本」，而《景德傳燈
錄》記載石頭希遷有「……不論禪定精進，達佛之知
見……」，或許是「宗寶本」所根據的材料。但檢查
「敦煌本」，見性即達定慧不二，即是解脫之意。我們
引述如下：

　　　知惠觀照，於一切法不取不捨，即見性成佛道。
　　善知識，若欲入甚深法界入般若三昧者，直修般若
　　波羅蜜行，但持金剛般若波羅蜜經一卷，即得見
　　性，入般若三昧。❻

❻　《六祖大師法寶壇經》。（CBETA, T48, no. 2008, p. 349, c18）
❻　同註❺。（CBETA, T48, no. 2007, p. 340, a25-28）

若識本心,即是解脫。既得解脫,即是般若三昧。⑲

般若即是慧,三昧即是定,可見禪宗的見性須達定
慧一體,定慧一體就是解脫——只要有一分的解脫就算
解脫。而這也沒有違背傳統印度佛學——依定發慧,至
少也要有未到定以上禪定——之原則。漢傳禪佛教的禪
悟與印度佛學之對應,筆者將另文進一步討論。

三、四念住、四無量心

(一)四念住與默照禪

1. 四念住在默照禪中的運用 ⑳

從修習止觀的立場來看傳統佛教之修道論,有一
項脈絡可循,即:以修五停心觀來完成修止之後,再以
四念住(即四念處)為切入點進而修觀。四念住不但是
三十七道品中第一組修法,也是現今南傳、北傳與藏傳
三大系統佛教共通的修行法門,其重要性不可言喻。漢
傳禪佛教中的「默照禪」也與四念住有密切的關係,在
《聖嚴法師教默照禪》一書中就提到如下的連結關係:

---

⑲ 同註⑩。(CBETA, T48, no. 2007, p. 340, c18-19)

⑳ 本段原是對法鼓山常住眾的早齋開示,講於 2011 年 10 月 12 日。其後
以「四念住在默照、話頭禪法中的運用」為題,刊登於《法鼓山僧伽大
學 100~101 學年度年報》,頁 36-41。但本文已加以增刪修改。

　　四念住的次第觀名為「別相念」，整體的綜合觀
名為「總相念」。禪宗是從總相念的基礎上，教我
們只管打坐，便是默照禪的入門手段了。因為總相
念是需要次第修行，而默照則是一開始就教我們不
要管次第，只要求清楚地知道自己的身體是在打
坐，呼吸也只是身體覺受的一部分，其他的問題不
去管它，知道、放下，便是直接而簡單地在修默照
禪了。❼

　　漢傳默照禪法的簡易可以是它的優點；但由於它本
身並不講求修行方法上的層次或步驟而造成推廣或學習
不易，如下述：

　　默照是一種簡單的方法──太簡單了，以致它的
簡單反成為一種困難。歸根究柢，它是一種無法之
法……。❼

　　因此，本文希望進一步從傳統印度禪定學來發明
默照禪的修行理論根據或方法。傳統上，修得五停心觀

---

❼　釋聖嚴，《聖嚴法師教默照禪》，頁 35。
❼　釋聖嚴，〈第八章　默照禪〉，《牛的印跡》，頁 220。

之後，再來修四念住的，這可說四念住主要是用於修慧——在定的基礎上修慧，《俱舍論》❼中說：

> 自性念住，以慧為體。此慧有三種：謂聞（思、
> 修）等所成。即此亦名，三種念住。

這是說：四念住的本質是慧，而慧有三種，就是聞慧、思慧、修慧三種所成。四念住的慧觀可說是縱向性的修法。所謂「縱向性」是指它的深度，也就是身、受、心、法一層一層進去的深度，此又可分為別相念住與總相念住。別相念住是指身、受、心、法一一各別的觀，不與其他念住相雜，故叫作「不雜緣」，這一般就是指觀身不淨——對治淨；觀受是苦——對治樂；觀心無常——對治常；觀法無我——對治我。

別相念住如「表四」所示：以觀「身、受、心、法」的「不淨、苦、無常、無我」來對治「常、樂、我、淨」的四種顛倒，身的自相、受的自相、心的自相、法的自相各不一樣。「表五」則表示，它們的共相都是跟三法印或者四法印連在一起的。觀共相的時候，不管身、受、心、法的任何一個，都觀苦、空、無常、無我的共相。

---

❼ 同註❶。（CBETA, T29, no. 1558, p. 118, c29-p. 119, a1）

表四：四念住之縱向性（深度）修法──別相念住（不雜緣）

四念住之縱向性（深度）修法	
別相念住（不雜緣）	
四念住（自相）	對治
觀身不淨	淨
觀受是苦	樂
觀心無常	常
觀法無我	我

　　以上不論是觀自相或共相都只是單一的觀法，而雜緣法念住的觀法，可以複數地觀，用排列組合總共加起來有十一種（如表六）分三類：第一類是兩種念住一起觀，共有六組；第二類是三種念住一起觀，共有四組；第三類只有一組，也就是身、受、心、法一起觀。上述十一種以修行的效果又可以分為兩類：第一類是「雜緣念住」的四組，任何一組都沒有法念住在裡面，對治性的效果較強；第二類是「雜緣法念住」，一共有七組，任何一組都有法念住在裡面。修四念住最重要的是觀雜緣法念住，如果沒有法念住，那修慧的功能就比較差一點。以上兩類觀察純熟之後，最後要觀「總雜法念住」，也即是以法念住來總緣「身、受、心、法」四所緣境，而總觀「苦、空、無常、無我」之四種共相。

表五：四念住之縱向性（深度）修法——總相念住（不雜緣）

四念住之縱向性（深度）修法	
總相念住（不雜緣）	
四念住	共相
觀身	非常、苦、空、非我
觀受	非常、苦、空、非我
觀心	非常、苦、空、非我
觀法	非常、苦、空、非我

表六：四念住之縱向性（深度）修法——「雜緣念住」、「雜緣法念住」與「總雜法念住」

四念住之縱向性（深度）修法					
雜緣法念住			雜緣念住		
法身	法心	法受	身受	身心	受心
法身受	法受心	法身心	身受心		
總雜法念住		法身受心			

　　以上是四念住的「縱向性修法」。但另有一組橫向性（廣度）修法，如同品❼說：

　　又念住別名隨所緣，緣自、他、俱，相續異故。一一念住，各有三種。

---

❼ 《阿毘達磨俱舍論》卷 23〈分別賢聖品〉。（CBETA, T29, no. 1558, p. 119, a16-17）

這是在同一個或一組念住上修它的廣度，這主要是觀「自他」（又叫作「內外」），觀法上共有三個層次，也就是觀自（內）、他（外）、與俱（自他、內外）三個層次。《俱舍論》稱呼這樣的修法叫作：「隨所緣 yathālambanaṃ」或「隨所緣念住」，那就是隨自、隨他、隨自他，相續地在同一念住上做觀察，每一念住各有此三種修法，這是橫向性的，等於是量的擴大。在各個念住上面，擴大觀察身、受、心、法各別的量度。這「隨 yathā」是「隨順、如理」的意思，可稱呼它為「橫向性修法」。

2. 四念住與默照禪的對應關係

接著我們來看四念住和默照禪的關係，默照禪的特質是用直觀——直接觀察，不管局部，而觀全部，不是假想觀，而是真實觀；假想觀就是五停心觀。五停心觀基本上是用假想觀，主要是借所緣（即所觀察的對象）來鍊心修定；但是，四念住是真實觀，是直接、如實地觀察身、受、心、法的本質（即共相），所以是以修慧為主。此真實觀即是聖嚴法師在上述默照禪方法所說的「知道、放下」，而希望達成「萬緣放下，一念不生」。

默照禪直接用四念住的總相念住觀，直觀全身、觀全境（淺的統一心），以及觀內外無限（深的統一

心），然後再修絕觀默照，而能達到悟的層次。將默照
與四念住的觀法對照一下，相當於下表：

表七：默照的四個層次⑦與四念住

一	觀全身	相當於四念住，總相念住中的「雜緣法念住」，以法念住爲主而觀身、受念住
二	觀全境（淺的統一心）	從上述「雜緣法念住」，進而觀自相→他相→俱相（自他相）
三	觀內外無限（深的統一心）	從「雜緣法念住」觀身、受念住→進而觀身、受、心念住
四	絕觀默照	「總雜法念住」以法念住總觀「身、受、心、法」四所緣之四共相

---

⑦ 此四個層次出自：《兩千年行腳》之「這次我所講默照禪的四個層次是：1.觀全身，2.觀全境，3.觀內外無限，4.絕觀默照；不以能觀和所觀爲境，但是默而常照，照而常默。」（頁165，行2-5）禪門以沒有方法與次第爲最高的原則，如法師在《漢藏佛學同異答問》所說：「禪宗則以無方法爲最上方法，無次第是最高次第。」（頁70，行8）但以過程而言則可說有次第，如在《聖嚴法師教默照禪》說：「『禪法本身無次第，修行的過程則是有次第的。』……但是修行是有方法的，既然有方法，就必定有次第。」（頁135，行7-8）縱觀法師開闡的禪法方便次第，有三個、四個或多則到五個。若三個層次時則是配合「小我、大我與無我」來歸納；四個層次則是調心七個歷程中進一步得出的「散亂心、集中心、統一心、無心」來運用的。學者們的研究也大都以「四個層次」爲可對法師禪法加以整體性說明的原則。請一併參考筆者的〈聖嚴法師之漢傳佛教復興運動——以漢傳禪佛教爲中心〉中「表五：聖嚴法師之基本禪法體系層次表」及「表八：調心的歷程（八階段）與六妙門」。（《聖嚴研究》第二輯，頁338、348）

　　默照第一個層次的「觀全身」相當於四念住總相念住中的以「雜緣法念住」而觀身、受念住。法師對「默照禪與次第禪觀的同異」，說明如下：

　　　五停心、四念住是次第禪修，從觀呼吸、觀身體、觀心念入手，是次第的修行方法。<u>默照禪法，也是從呼吸法入手，也是從觀身受著力</u>。因此，默照的修行方法並非有什麼奇特，也不是中國人沒有根據就發明的東西，它是以傳統修行方法做基礎的。❼

　　從第一層次的觀全身開始，都是觀總相念住，而且都以法念住為基礎而做觀的，如果只觀察它的自相，那只有停在五停心觀的層次，沒辦法進到四念住的觀慧。而五停心觀只能達到修定的層次，沒有辦法達到修慧。在觀全身的時候，是身念住與受念住一起觀。然後，從觀全身到觀全境是一種量的擴大；所以等於從自相、他相到俱相（也就是自他相）的擴大。其實，自他、內外都只是一種分別心──自己跟他人（物）的分別心，自己與環境的分別心，把分別心放下時，心力便會立即增

---

❼　同註❼，頁 34，行 12-15。

強，因為心力的增強，故觀察範圍能逐步擴大，此時能身受一起觀，並進一步觀察到心念住。觀全境可以達到淺的統一心，到第三個層次的觀內外無限可以達成深的統一心。

當觀全身（相當於身、受念住）而觀察很好的時候，就能夠把身體擴大，變成以境為身，身體跟環境都是一體，一起觀，等於身體的擴大，觀環境就是自己，這是觀全境。全身、全境的「全」是全部的意思，默照的時候並不需要特別去想像一個「全部」，「默」的本身就已經具有「全部」的功能，「照」的時候就比較難，通常會被吸引到特別的局部上，此時輕輕地「默」，那就又回到「全部」上。

觀內外無限相當於從「雜緣法念住」的觀「身、受念住」→進而觀「身、受、心念住」，這時無論觀身念住或受念住，都能直接反映到心念住，可以說都與心念住一起觀的，此時四個念住中，心念住的力量最強，因為心更細了，能發揮心念住的力量。其實無論觀全身、觀全境或內外無限時，都不要將「我」擺進去，這等於在觀身受心念住時，法念住也是一起觀的，但還不能以法念住為主，因為它的力量還不是最強的。其實，無論是身或受，都是心一部分，只是粗細之別。

絕觀默照，相當於用四念住的「總雜法念住」。這

當然包括身、受、心、法，以法念住為主，而且法念住
已經發揮了強而有力的觀慧。因為四念住主要是修慧，
不是修定，但會透過定的過程，然後達到慧——將內外
無限的統一心放下，那就達到絕觀默照。雖然會有相應
於定（統一心）的過程，但仍然是默照的方法，所以不
同於次第禪觀。我們進一步將上述兩表，合成下表：

表八：默照的四個層次與「雜緣法念住」、「總雜法念住」

一	觀全身	「雜緣法念住」：法身、法受、法身受
二	觀全境	「雜緣法念住」：自相、他相、俱相
三	觀內外無限	「雜緣法念住」：法身心、法受心、法心
四	絕觀默照	「總雜法念住」：法身受心

　　依《俱舍論》，完成四念住修法之後，就進到煖、
頂、忍、世第一法之四善根——順抉擇分的位階，我
們相信禪宗大大小小的悟是相應於這些位階之中❼。此
時，主要是觀察四聖諦，而法念住仍扮演重要的角色。
如《俱舍論》所說：

　　　　煖頂二種善根，初安足時，唯法念住。❼

❼　禪宗的悟與傳統佛教的進一步關係，限於篇幅，筆者將另文加以討論。
❼　同註⓬。（CBETA, T29, no. 1558, p. 119, b25）

忍善根,安足、增進,皆法念住。❼

(二)四無量心與默照禪 ❽

大乘佛法首重利他的慈悲行,默照禪也與「慈、悲、喜、捨」四無量心之修行有密切的關係,修四無量心即使未與無漏相應的話,也可達成默照禪第三階段「內外無限」;與無漏相應的話,即可進到「絕觀默照」的悟境。默照禪淵源於唐之曹洞宗,而由宋之宏智正覺所創,然宋以後即告衰微,傳到日本稱爲「只管打坐」。聖嚴法師畢生弘揚漢傳禪佛教,特別對復興默照禪法用力甚深,法師提到默照(silent illumination)的基本態度與發心時說:

修習默照禪必須遵守的基本態度有三,那就是:發大悲心,放捨諸相,休息萬事。❾

默照禪也要發四種大心:大信心、大願心、大悲

---

❼ 同註⓬。(CBETA, T29, no. 1558, p. 119, c3)

❽ 本段是根據筆者〈新發現安世高譯《十二門經》寫本內容探討及其在漢傳禪佛教中之運用〉中的一部分,發表於《佛教禪修與傳統:起源與發展》,頁 315-371,加以修改而成。

❾ 同註⓱,頁 29,行 9-10。

心、大精進心。❽

　　默照的方法非常簡單，幾乎是不講究方法，故又稱
之爲「無法之法」。法師又提出：「默照禪的四個層次
是：1.觀全身，2.觀全境，3.觀內外無限，4.絕觀默
照。」❽默照與慈悲觀有類似之處，兩者都要求將心量
向外擴大，這與傳統的修定方法——將心向內聚焦——
有所不同。

　　默照的根本方法即一「捨」字，從基本態度的
「發大悲心」、「放捨諸相」也可看到它與四無量心的
「慈」、「悲」、「喜」、「捨」有相互呼應的地方，
如法師說：

　　　發起大悲心的目的，在於找到自己的本來面目以
　　及體驗到各人的本地風光。爲了達到修行的目標，
　　就得從放捨諸相下手，雖然尚未見到本來面目，尚
　　未體驗到本地風光，但是要練習著朝這個方向努
　　力。放捨諸相即是「默」，努力於放捨諸相的練習

❽　釋聖嚴，《兩千年行腳》，頁167，行7。
❽　參考本文之「表八：默照的四個層次與『雜緣法念住』、『總雜法念
　　住』」。

即是「照」──這就是默照禪法的入門方便。❽

　　四無量心的最高階段是「捨」，但很可能僅止於世間定，比如色界的第四禪又叫作「捨念清淨定」。而默照的「放捨諸相」則是定慧等持甚至是以慧爲主的。在《聖嚴法師教默照禪》中，「放捨諸相」共出現二十三筆，有時會與「休息萬事」並用。法師在多處以《金剛經》的「凡所有相，皆是虛妄」❺或「應無所住，而生其心」❻來加以說明。

　　又從默照方法上的觀全身、全境、內外無限而言，心一層一層地往外擴大，都與四無量心是相應的。又，無論南北傳都共同以修三三昧──空、無願、無相或空、無相、無願──而得證悟、解脫，這三三昧與《壇經》所說的「無念、無相、無住」❼應有相當密切的關係，限於本稿之篇幅，此之論題將留到將來有機會進一步探討。

　　大乘經論特別重視慈悲觀，在《菩薩地持經》、

❽　同註❼，頁 30，行 3-5。
❺　同註❼，頁 54、140、143-145。
❻　同註❼，頁 56，行 12-15。
❼　同註❺：「頓漸皆立無念爲宗，無相爲體，無住爲本。」（CBETA, T48, no. 2007, p. 338, c3-4）

《瑜伽師地論》與《大智度論》中都有詳細討論，大乘慈悲觀一般分爲眾生緣慈、法緣慈與無緣大慈三種。眾生緣慈的基本觀法則有：自他互易觀與怨親平等觀，也就是觀想自他爲一體是慈悲觀最基礎的法門。四念住的修法中也有觀自他一體的過程，如《俱舍論》所示：「又念住別名隨所緣，緣自、他、俱，相續異故。一一念住，各有三種。」

圖二：四無量心與默照禪（示意）圖 ❽

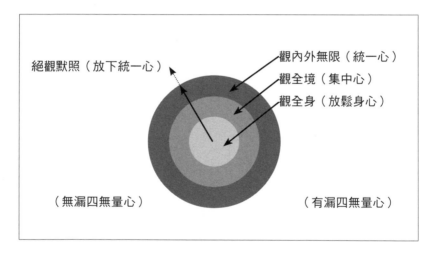

絕觀默照（放下統一心）

觀內外無限（統一心）
觀全境（集中心）
觀全身（放鬆身心）

（無漏四無量心）

（有漏四無量心）

---

❽ 有關默照禪的四個層次，請參考筆者〈聖嚴法師之漢傳佛教復興運動——以漢傳禪佛教爲中心〉之「表五：聖嚴法師之基本禪法體系層次表」。（《聖嚴研究》第二輯，頁338）

　　上述引文已在「四念住和默照禪的關係」提出，現在則進一步說明它也通於四無量心，可以說：四念住的「自、他、俱」三相觀法都可應用到默照禪與四無量心的觀法上。在觀四念住的過程中，需要觀三相：自相、他相及俱相，自相就是自己，他相包括自己以外的有情與環境，俱相就是自他一體觀。我們來看聖嚴法師對「默照禪」的敘述：

　　　因為當心沉澱並靜止下來時，分別思想就會消失，而隨著分別思想的消失，過去 / 現在 / 未來、內 / 外、彼 / 此、人 / 我這些分別也會消失。……默照狀態的明覺不受任何事物的限制，因為其中並無自我或任何可以分開心與環境的成分。……沒有一個細節被排除，沒有一個物體被遮蔽。心對世界的映照是那麼地徹底，以致於兩者已交融為不可分的一體。❽❾

　　然而從上述分析中看到默照不但與四無量心，甚至與傳統的四念住有著不少共通的修行觀點，特別在自他一體觀以及「心量」的擴大上，有相當程度的一致性。

---

❽❾　同註❼❷，頁 222。

因此，應用四無量心的修法於漢傳默照禪法上，是相當可行的事。

然而，這裡須釐清論典上提到修四無量心不得解脫的問題——這在阿毘達磨佛教中幾乎是一致的論調，然而四無量心中的慈與悲，又與大乘佛教關係特別密切，因此我們有必要加以討論。如《大毘婆沙論》說：

> 慈斷何繫結？答無。悲喜捨斷何繫結？答無。問何故四無量不斷煩惱？答行相異故。謂①十九行相能斷煩惱，無量非彼行相，四行相是無量，斷煩惱不以此行相故。復次，②無量是勝解作意，唯真實作意能斷煩惱。復次，③無量是增益作意，唯不增益作意能斷煩惱。復次，④無量唯緣現在，要緣三世，或無為道能斷煩惱。復次，⑤無量緣有情，要法想能斷煩惱。復次，⑥無量緣一分境，非緣一分境道能斷煩惱。復次，⑦無間道能斷煩惱，無量是解脫道時得故。問：若無量不能斷煩惱者，經說云何通？如說慈若習，若修，若多修習，則能斷瞋。悲若習，若修，若多修習，則能斷害。喜若習，若修，若多修習，能斷不樂。捨若習，若修，若多修習，能斷貪恚。答：⑧斷有二種，一暫時斷，二究竟斷。契經說：暫時斷此。阿毘達磨（說：）遮究

竟斷。如是則二說善通。⑳

　　上述《大毘婆沙論》文中一共提出七個（①、②、③、④、⑤、⑥、⑦）問題來說明無量不能斷煩惱，最後則加以會通（⑧）。其實，七個比對中的五個（②、③、④、⑤、⑥）都是同一個意義下的不同面向的說明，以項目②「無量是勝解作意，唯真實作意能斷煩惱」就可以涵蓋了。早期的部派佛教以為純世俗禪定，到了大乘佛教就給予層次上的區分⑨或以「法無（自）性」而解決⑫。①中則舉出無量的「慈、悲、喜、捨」不能（究竟）斷煩惱，惟有修「粗、苦、障」的三行相及「苦、空、無常、無我」等四諦十六行相⑬。⑦所舉出的與①之說明類同，無量僅能證世俗禪定的「解

---

⑳　同註⑭。（CBETA, T27, no. 1545, p. 819, b9-25）

⑨　《大智度論》卷40，〈4 往生品〉：「慈悲心有三種，眾生緣、法緣、無緣。」（CBETA, T25, no. 1509, p. 350, b25-26）。《瑜伽師地論》卷44，〈16 供養親近無量品〉：「云何菩薩修四無量慈悲喜捨。謂諸菩薩略有三種修四無量。一者有情緣無量。二者法緣無量。三者無緣無量。」（CBETA, T30, no. 1579, p. 535, c7-9）

⑫　《大般若波羅蜜多經》卷364，〈62 實說品〉：「善現！大慈、大悲、大喜、大捨無和合自性故，若法無和合自性，是法則以無性為性。」（CBETA, T06, no. 220, p. 879, c25-26）

⑬　《阿毘曇毘婆沙論》卷34，〈2 使揵度〉：「聖人離初禪欲時，無礙道中，修十九行，謂：麁等三行，十六聖行，唯修無漏，非有漏。」（CBETA, T28, no. 1546, p. 248, b25-27）

脫道」而暫時斷煩惱。這與⑧的會通也是相同的意義。
《成實論》對四無量心的功能與次第之敘述應該是很中
肯的說法。

> 慈心雖不斷結，先以慈心集諸福德，智慧利故，
> 得聖道慧，能斷諸結故，說修慈得阿那含，與慈修
> 覺亦復如是。❹

以四無量心修福德資糧，並消除內外種種障礙，等
到智慧根利時，就有機會得證聖道之智慧而斷煩惱。眾
生的煩惱主要是貪、瞋、癡三毒，開啓聖道智慧首要破
無明，這是斷「癡」，但更粗的欲界貪瞋煩惱未降伏，
直接破癡煩惱是不切實際的。這從《毘婆沙論》提出用
四無量來對治瞋恚、貪愛及放逸之論點，也可找到具體
的佐證。

> 無量不能斷結，或以無量對治於愛，或以無量對
> 治於見。若取其近對治者，慈悲是見近對治。所以
> 者何？見行眾生多憙瞋恚。喜捨是愛近對治，所以
> 者何？愛行眾生，多憙相親近。復次，對治放逸法

---

❹ 《成實論》。（CBETA, T32, no. 1646, p. 337, c3-5）

故名無量，放逸者，是欲界諸煩惱，誰是其近對
治，謂四無量。❾

　　如何將有漏的四無量心轉成無漏的四無量心呢？
《大毘婆沙論》中，從世友論師的主張中，可以看出有
四個過程：即先①「由四無量調伏其心」──這正是我
們上面所說過的對治諸種煩惱，然後②「令心質直有所
堪能」──心穩定之後，就能夠產生發定、發慧的力
量，③「從此無間引起覺支」──先前修習過的有漏聞
思慧在與定相應時，就能轉為無漏的七覺支，④「覺支
無間引起無量」──七覺支又引發禪定。

　　如契經說：與慈俱修念等覺支，依止離，依止無
欲，依止滅，迴向於捨。悲喜捨三，說亦如是。
問：無量有漏，覺支無漏，云何有漏與無漏俱？尊
者世友作如是說：①由四無量調伏其心，②令心質
直有所堪能，③從此無間引起覺支，④覺支無間引
起無量，無量（與）覺支相雜而起，故說為俱，而
實不並。❾

---

❾　同註❸。（CBETA, T28, no. 1546, p. 315, b23-29）
❾　同註❸。（CBETA, T27, no. 1545, p. 427, c19-25）

這樣的修法與阿含佛教中經常提到次第相互一致，即：對佛法的因果因緣事理發起正知正見之後，便能知道要守護六根，甚至進而修十善業（即三妙行），然後修四念住與七覺支，而得到智慧、解脫**❾**。這也合乎傳統印度佛教從定發慧的原則，從勝解作意轉為真實作意了。

> ……具正念、正智已，便具護諸根。具護諸根已，便具三妙行。具三妙行已，便具四念處。具四念處已，便具七覺支。具七覺支已，便具明、解脫……。**❾**

其實，只要內心還有所執著，即使修四念住、七覺支還是不得真正的解脫；反之，若有修有證而心無所執著的話，則可得解脫。

> 於四念處，當善繫心。住七覺分，修七覺分已，

---

❾ 《中阿含經》卷10，〈5 習相應品〉：「……具正念、正智已，便具護諸根。具護諸根已，便具三妙行。具三妙行已，便具四念處。具四念處已，便具七覺支。具七覺支已，便具明、解脫……。」（CBETA, T01, no. 26, p. 487, c17-21）

❾ 同註**❾**。（CBETA, T01, no. 26, p. 487, c17-21）

於其欲漏，心不緣著，心得解脫；於其有漏，心不
緣著，心得解脫；於無明漏，心不緣著，心得解
脫。❾❾

修行默照亦復如是，聖嚴法師也提到：

　若於默照之中，尚存有所得有所證的自我中心及
價值肯定，此人便未得真解脫。唯有先以默照方法
破我執除身見，始能真得與三世諸佛同一鼻孔呼吸
的經驗。⓿

印順法師認為，從修禪定到慧觀，及到最後的解脫
法中可分為兩組：從四禪與四無色定到三三昧是消極自
利的；相對地從四無量心到無量三昧才是積極利他的：

　禪定以離欲為目的，為情意（非理智）的修養。
略有二類：一、消極的，漸捨漸微的，如四禪與
四無色定。二、積極的，推己以及人的，如四無
量──慈悲喜捨定。前者近於空慧，後者近於大

❾❾ 同註❾。（CBETA, T02, no. 99, p. 75, b18-21）
⓿ 釋聖嚴，《禪與悟》，頁344，行14-頁345，行1。

悲。……《雜阿含經》本以空、無量、無所有三昧
（定從觀慧得名）為入道門。但一分學者，以無量
但俗的，專以空、無相、無願——無所有為解脫
門，重慧而輕悲，以致造成醉三昧酒的焦芽敗種。⓲

印順法師⓲又認為：聲聞佛教不能即俗而真，偏重
厭自身苦與厭世，不能即世而出世，以為無量三昧是純
世俗的。對於自身之淨化偏重於理智與意志，忽略情
感。對於離貪、瞋、癡的三不善根，多說「離貪欲者心
解脫，離無明者慧解脫」，對於離瞋的無量心解脫，
即略而不論。等到直探釋尊心髓的大乘行者，急於利
他，才完成聲聞所不能完成的一切。法師又舉《雜阿含
經》第 567 經，質多羅長者答那伽達多比丘之經文 ⓲做
經證。

《雜阿含經》中，質多（Citra）長者說：四種三
昧——「無量心三昧」、「無相心三昧」、「無所
有心三昧」、「空心三昧」，約空無我我所說，可

⓲　釋印順，《無諍之辯》，頁 49。
⓲　見釋印順，《佛法概論》，頁 233、246-247。同樣在《華雨集》第 4 冊
　　頁 53-54 及《學佛三要》頁 138-139 中，也有類似的說法。
⓲　同註❾。（CBETA, T02, no. 99, p. 149, c6-p. 150, a16）

說是同一的。❿

　　因此印順法師主張依人身修行成佛之道，主要應依戒行、布施與四無量定，這才是修利益眾生的出世大乘法。

　　所以依人身而引入佛道，應以戒行為主，就是重視人間的道德，健全人格。在這戒行的基礎上，應隨分隨力來布施。如想修定法，應修四無量定，因為這與利益眾生的出世大乘法，有著密接相通的地方。❺

　　聖嚴法師也說：四無量心是法施，代表佛菩薩的大慈悲心、大歡喜心、大平等心，攝化一切眾生的大方便。

　　法施是用慈、悲、喜、捨四無量心，這是佛、大菩薩的大慈悲心、大歡喜心、大平等心，用五戒十善為基礎，四聖諦八正道為原則，六度四攝為方便，攝化一切眾生。❻

❿　同註❼，頁 1216。
❺　釋印順，《成佛之道》，頁 121。
❻　釋聖嚴，《維摩經六講》，頁 71。

　　《雜阿含經》第492 經則明確指出，修習而證入
無量三昧者，若對「有身滅、涅槃」有所信樂，對「有
身」不執著的話，將可證入解脫。

　　若有比丘得無量三昧，身作證具足住，於有身滅
　　涅槃心生信樂，不念有身。……如是皆得現法隨順
　　法教，乃至命終，不復還生此界。是故，比丘！當
　　勤方便，破壞無明。❿

　　又，《中阿含經》第15 經提到：甚至本做不善，
而修慈心解脫，在這一世之中受盡所有的業報，來世可
以證到三果以上的果位。

　　是以男女在家、出家，常當勤修慈心解脫，若彼
　　男女在家、出家修慈心解脫者，不持此身往至彼
　　世，但隨心去此。比丘應作是念：「我本放逸，作
　　不善業，是一切今可受報，終不後世。」若有如是
　　行慈心解脫無量善修者，必得阿那含，或復上得。❿

---

❿　同註❾。（CBETA, T02, no. 99, p. 128, b13-24）
❿　《中阿含經》。（CBETA, T28, no. 1546, p. 321, a15-22）

　　《阿毘達磨》中也有討論到觀修四無量心可得證果事例，如下所述，爲方便理解，我們將原文內的凡夫部分加註〔甲〕、〔乙〕、〔丙〕：

　　〔甲〕若是凡夫，離欲愛已，得慈心定。彼於後時，入正決定，得阿那含果。〔乙〕若先不離欲，入正決定者，若得須陀洹果，若得斯陀含果。〔丙〕所以得阿那含果者，以慈定力故。若是聖人，離於欲愛，得慈心定，亦得阿那含果。以是事故，佛作是說，比丘修慈定，得阿那含果。但無量，不能斷結，如慈悲喜捨亦如是。❿

　　我們將上述之討論表列於下：

表九：凡夫與聖人修慈心定證果的四種類型

	離愛欲	得慈心定	入正決定	證果
凡夫〔甲〕	✓	✓	✓	阿那含果
凡夫〔乙〕			✓	須陀洹果／斯陀含果
凡夫〔丙〕		✓	✓	阿那含果
聖人	✓	✓		阿那含果

---

❿　《阿毘曇毘婆沙論》（CBETA, T28, no. 1546, p. 321, a15-22）；另見：《阿毘達磨大毘婆沙論》（CBETA, T27, no. 1545, p. 427, c4-11）。

　　上表「凡夫〔丙〕所以得阿那含果者，以慈定力故。」之敘述，「以慈定力故」之同時也必定是「離愛欲」的，故文義上與凡夫〔甲〕並無不同。同時，「若是聖人……亦得阿那含果。」之敘述也同於凡夫〔甲〕，因在此之聖人必指先證入初果或二果之聖人，而於後時修慈心定進一步證入三果的。「入正決定」義即「正性離生」，此詞一般用於見道，但同樣適用於修道。見道之「入正決定」必斷於三結：有身見、戒禁取見與疑。若不但斷三結，並同時也離愛欲而得慈心定的話，便能把另外的二結：欲貪、瞋恚也一起斷除，也就是斷除五下分結，那便能於「後時」（來生）證入第三果。又上表之「離愛欲」與「得慈心定」可看作是同一件事，因此可進一步把上表簡化如下：

表十：歸納後的凡夫與聖人修慈心定證果的二大類型

	離愛欲/得慈心定	入正決定	證果
凡夫/聖人	✓	✓	阿那含果
凡夫		✓	須陀洹果/斯陀含果

　　於是，我們看到了從欲界修慈心定（四無量心）與證果（解脫）之關係只有兩大類型：一種是離欲、得定，完全斷除五下分結而證入三果；另外一種是，修四無量心，雖未能完全離欲或得定，但能斷三結的話，也

能夠證入初果或二果的。對後一種未能證得慈心定，也
就是未能完全斷除欲界的貪、瞋煩惱；而能夠斷三結的
話，也能證入果位的，這是依未至定的力量。[110] 經過上
述討論之後，我們發現修四無量心得證果或解脫之與
否，與修其他禪定法門並無二致，完全看能斷三結以及
進一步離愛染得定與否來決定。[111]

對大乘菩薩道而言，修習四無量心——特別是修習
慈悲法門有不同於其他禪定法門的重要意義。漢傳禪佛
教的默照禪也是大乘法門，以慈悲觀來發展默照禪；以
默照禪來落實慈悲觀的禪定修法，對漢傳禪佛教具有重
大的意義。

四、結論：從止觀、慈悲觀到默照

禪定共世間，非佛教獨有，唯有依於緣起、三法印
的慧學，才是佛教不共世間的特色。本篇論文，從漢傳
禪佛教追溯其根基於印度佛教的禪修思想體系，論證了
「慧解脫」及「不依禪」為重要的禪修學理。當代學者
對慧解脫不乏討論，但對不依禪之研究並不多見。不依
禪又稱為真實禪，或無相三昧，而與《六祖壇經》的無

---

[110] 《阿毘曇毘婆沙論》：「若依未至地，得正決定。彼一地，見道修。一
地，世第一法修。」（CBETA, T28, no. 1546, p. 12, a23-24）

[111] 另有一型不得禪定的慧解脫阿羅漢，不在本文討論範圍之內。

念、無相、無住──三無思想之關係密切可想而知。印順法師對不依禪之解讀偏於傳統的俱解脫，本論文則發現不依禪有可以與慧解脫結合，而成為漢傳禪佛教的禪修思想與理論依據。

從禪修方法上看，四念住不但始於阿含佛教，也是當今南傳、北傳與藏傳三大系統佛教的共通修行法門。漢傳禪佛教的默照禪，一般知道它與印度佛教的止觀有關聯。聖嚴法師則提出，默照禪是在四念住的總相念基礎上起修的。本論文根據此一提示，而論證四念住的「雜緣法念住」、「總雜法念住」可與默照的四個層次相互結合。此外，四無量心早從阿含佛教，就為在家、出家所修，更通於大乘佛教的慈悲法門。阿毘達磨論師們執意於眾生緣慈為有相修，主張修無量不得解脫，若通達大乘的法緣慈乃至無緣慈，則與三三昧一樣是可達解脫的法門。修法上，默照與四無量有共同的特色──把心向外做無限度的開放、擴大，這與傳統修止的方法──把心止於一點之上的修法，有很大的不同；修四無量，僅以未到定，仍然可以發慧、證果乃至解脫。默照與四無量──尤其是慈悲觀可相互為用，對兩法門的互資互補有重要的意義。本論文仍有不少可以進一步延伸的論點，如大乘如來禪與漢傳禪佛教等，限於篇幅之故，需待他稿來釐清。總而言之，若本論文在學術研究

的原則下，如仍然可具有一些實用的價值的話，是筆者
所至盼。

參考文獻

一、佛典文獻

《中阿含經》。CBETA, T01, no. 26。

《雜阿含經》。CBETA, T02, no. 99。

《大般若波羅蜜多經》。CBETA, T06, no. 220。

《小品般若波羅蜜經》。CBETA, T08, no. 227。

《大智度論》。CBETA, T25, no. 1509。

《阿毘達磨品類足論》。CBETA, T26, no. 1542。

《阿毘達磨大毘婆沙論》。CBETA, T27, no. 1545。

《阿毘曇毘婆沙論》。CBETA, T28, no. 1546。

《阿毘達磨俱舍論》。CBETA, T29, no. 1558。

《阿毘達磨順正理論》。CBETA, T29, no. 1562。

《瑜伽師地論》。CBETA, T30, no. 1579。

《成實論》。CBETA, T32, no. 1646。

《大乘起信論》。CBETA, T32, no. 1666。

《大慧普覺禪師語錄》。CBETA, T47, no. 1998A。

《南宗頓教最上大乘摩訶般若波羅蜜經六祖惠能大師於
　　韶州大梵寺施法壇經》。CBETA, T48, no. 2007。

《六祖大師法寶壇經》。CBETA, T48, no. 2008。

《閱藏知津》。CBETA, J32, no. B271。

《解深密經疏》。CBETA, X21, no. 369。

《清淨道論》。CBETA, N69, no. 35（PTS. Vism. 633 & 637）。

二、專書、論文

陳英善，〈聖嚴思想與如來藏說〉，《聖嚴研究》第一輯，臺北：法鼓文化，2010 年，頁 383-414。

釋印順，《空之探究》，臺北：正聞出版社，1992 年六版。

釋印順，《華雨集》第 3 冊，臺北：正聞出版社，1993 年初版。

釋印順，《華雨集》第 4 冊，臺北：正聞出版社，1993 年初版。

釋印順，《初期大乘佛教之起源與開展》，臺北：正聞出版社，1994 年七版。

釋印順，《中國禪宗史》，臺北：正聞出版社，1994 年八版。

釋印順，《性空學探源》，臺北：正聞出版社，2000 年。

釋印順，《無諍之辯》，臺北：正聞出版社，2000 年。

釋印順，《佛法概論》，臺北：正聞出版社，2000 年。

釋印順，《學佛三要》，臺北：正聞出版社，2000 年。

釋印順，《成佛之道》，臺北：正聞出版社，2000 年。

釋果光、釋常諗，〈漢傳禪佛教的當代實踐——聖嚴法
　　師的「心靈環保」〉，《聖嚴研究》第二輯，臺
　　北：法鼓文化，2011 年，頁 241-304。

釋果暉，〈聖嚴法師之漢傳佛教復興運動——以漢傳禪
　　佛教爲中心〉，《聖嚴研究》第二輯，臺北：法鼓
　　文化，2011 年，頁 343-345。

釋果暉，〈新發現安世高譯《十二門經》寫本內容探討
　　及其在漢傳禪佛教中之運用〉，《佛教禪修與傳
　　統：起源與發展》，臺北：新文豐出版社，2014
　　年，頁 315-371。

釋聖嚴、丹·史蒂文生著，梁永安譯，《牛的印跡——
　　禪修與開悟見性的道路》，臺北：商周出版，2002
　　年。

釋聖嚴、丹增諦深喇嘛著，《漢藏佛學同異答問》，
　　《法鼓全集》2-4，臺北：法鼓文化。

釋聖嚴，《學術論考》，《法鼓全集》3-1，臺北：法鼓
　　文化，2005 年。

釋聖嚴，《悼念·遊化》，《法鼓全集》3-7，臺北：法
　　鼓文化，2005 年。

釋聖嚴，《拈花微笑》，《法鼓全集》4-5，臺北：法鼓
　　文化，2005 年。

釋聖嚴，《禪與悟》，《法鼓全集》4-6，臺北：法鼓文化，2005 年。

釋聖嚴，《禪的世界》，《法鼓全集》4-8，臺北：法鼓文化，2005 年。

釋聖嚴，《禪鑰》，《法鼓全集》4-10，臺北：法鼓文化，2005 年。

釋聖嚴，《聖嚴法師教默照禪》，《法鼓全集》4-14，臺北：法鼓文化，2005 年。

釋聖嚴，《金山有鑛》，《法鼓全集》6-4，臺北：法鼓文化，2005 年。

釋聖嚴，《兩千年行腳》，《法鼓全集》6-11，臺北：法鼓文化，2005 年。

釋聖嚴，《抱疾遊高峰》，《法鼓全集》6-12，臺北：法鼓文化，2005 年。

釋聖嚴，《維摩經六講》，《法鼓全集》7-3，臺北：法鼓文化，2005 年。

釋聖嚴，《六波羅蜜講記》，《法鼓全集》7-13，臺北：法鼓文化，2005 年。

釋聖嚴，《八正道》，《法鼓全集》7-14，臺北：法鼓文化，2005 年。

釋聖嚴，《聖嚴法師教話頭禪》，《法鼓全集》10-6，臺北：法鼓文化，2005 年。

法鼓山僧伽大學編，《法鼓山僧伽大學 100～101 學年度年報》，臺北：法鼓山僧伽大學，2014 年。

Wen, Tzungkuen.（溫宗堃, 2012）. The Direct Path of Mindfulness: Pure Insight Meditation in Theravada Buddhism. New Taipei City: Darchen Publisher.

三、電子及網絡資源

《印順法師佛學著作集》DVD 光碟版 Ver.4.1（2008.701）。

《法鼓全集》網路版，網址：http://ddc.shengyen.org/pc.htm（2007-2009）。

《虛雲和尚年譜》，網址：http://book.bfnn.org/books2/1184.htm（2014/6/22）。

《詵陀迦旃延經》漢巴諸異本的比對，網址：http://webcache.googleusercontent.com/search?q=cache:wlJZNmiQlHwJ:yifertw.blogspot.com/2013_04_01_archive.html+&cd=5&hl=zh-TW&ct=clnk&gl=tw（2014/6/2）。

CBETA 電子佛典集成 Ver. 2014（T：《大正新脩大藏經》；J：《嘉興大藏經》；X：《卍新纂大日本續藏經》；N：《漢譯南傳大藏經》）。

The Origins and Development of Chinese Chan Buddhism:

A Study of the *Mozhao/* Silent Illumination Chan Meditation System of the Dharma Drum Lineage

▌ Abstract

After its introduction to China, Buddhism undergoes dramatic competition against and fusion with Chinese culture for hundreds of years. Chan School after the Tang and Song dynasties could be regarded as the most successfully localized school. Drawing from the essence of both Buddhist and Chinese culture, it best exemplifies the characteristics of Chinese Buddhism. After having fully matured, it turns out to be a strong influence to the Confucian-Daoist Chinese culture. When the term "Chinese Chan Buddhism" is used, it more or less indicates the general Chinese Buddhism as a whole. If one studies Chinese Chan Buddhism from the perspective of the Three Cultivations (śikṣā-traya) – precept (vinaya), centration (samādhi) and wisdom (prajñā) – the Conglin/ Monastic system is mainly related to the precepts. Though the thoughts and practice of Chinese Chan Buddhism are also related to the precepts, but they are more closely related to concentration and wisdom. The latter will be the focus of this study.

"Gateless gate of Chan" and "where the path of words is cut off" are both ideas often mentioned in Chinese Chan Buddhism. There has been many discourses from Chan predecessors, which has been and continues to be guiding texts for Chan practice. However, historically, Chan School talks little about constructing a system of Chinese Chan Buddhist thoughts and practice within the general Indian and Chinese Buddhist development. In this study, a new attempt is proposed. The author would like to investigate the origins and development of Chan practice in Chinese Chan Buddhism from the viewpoint of the history of Indian and Chinese Buddhist thoughts. On the other hand, through studying important Buddhist scriptures and works from Chan masters, this paper also like to discuss whether Chan School, inheriting from Indian Buddhism then transforming to a sect in Chinese Chan Buddhism, has a coherent thought for Chan practice. The aim is to evaluate and cultivate the characteristics of the Dharma Drum Lineage of Chan Buddhism. As this topic is too broad, this study will focus mainly on *Mozhao*/ Silent Illumination.

Keywords: Wisdom Liberation, Non-dependent Absorption, *Mozhao*/Silent Illumination, Four Bases of Mindfulness, Four Immeasurable States of Mind

中華禪法鼓宗話頭禪學理思想之研究
——兼論宗密的九對頓漸

▌摘要

　　佛教傳入中國之後，經過數百年與漢文化激盪與融合之結果，本土化最成功並截取中、印兩大文化——佛教文化與漢文化之精髓，而足以代表漢傳佛教之特色者，可說是唐宋以來的禪宗。

　　漢傳禪佛教中，經常提到「禪門無門」、「言語道斷」，歷代禪宗祖師龐大的語錄多以實修指導為主，禪宗向來寡談其在整體中、印佛教發展中，漢傳禪佛教思想與修行體系之建構。本論文做新的嘗試，以跨越中、印佛教歷史思想發展之主軸，來探討漢傳禪佛教之話頭禪學理，輔以漢傳禪佛教重要相關經論及祖師著作等，來探究禪宗在傳承自印度佛教及演變為漢傳禪佛教中，有其學理思想淵源之可能，並回歸到聖嚴法師創建的中華禪法鼓宗的禪法思想中。

筆者於第五屆聖嚴思想國際學術會議發表了〈漢傳禪佛教之起源與開展——中華禪法鼓宗默照禪修行體系之建構〉一文，從阿含佛教乃至部派佛教中發掘漢禪佛教的思想淵源，並發現了默照禪法之修行原理與方法。

做爲中華禪法鼓宗兩支重要禪修法門之一的話頭禪，開始於唐，大興於宋之大慧宗杲，而思想義理源遠流長。本文以話頭禪之學理思想做爲探討對象，由四個面向研究：

一、從俱解脫到慧解脫——以數息觀爲例。

二、四諦、十二因緣與話頭禪法。

三、禪機之經證——《楞伽經》。

四、頓與漸——從如來禪到祖師禪。

探究從印度佛教乃至唐代爲止之漢傳佛教，抉擇漢傳禪佛教之思想體系與修行原理。

關鍵詞：四諦、十二因緣、祖師禪、解悟證悟、九對頓漸、壇經

一、從俱解脫到慧解脫——以數息觀為例

在〈聖嚴法師之漢傳佛教復興運動——以漢傳禪佛教為中心〉❶一文中，筆者說明在阿含佛教時代已經存在修行解脫的兩種類型：俱解脫與慧解脫。慧解脫之中亦有不同的類型，在《大毘婆沙論》及《順正理論》中則更明確地提出了以「未至定（未到地定）」而得慧解脫的類型。佛教三學中的戒學與定學，外道也可修得，唯有慧學是佛教不共外道的特色。印度早期佛教重於修定，多少受到當時著重苦行、厭離、修定的沙門文化所影響。聖嚴法師❷說：

> 印度的小乘禪法，因為基礎跟外道的世界禪定法相通，所以要在離人獨處的靜境中打坐冥想。<u>禪宗則不然，以為日常生活中的行、住、坐、臥之時，無一不是用心修行之時。</u>❸

修定的目的是為了觀三法印，以達成開發智慧、解脫生死、救度眾生的目的。然而達成開發智慧的目的，

---

❶ 請參考《聖嚴研究》第二輯，頁 320-327。
❷ 以下本文所稱法師皆為聖嚴法師之簡稱。
❸ 釋聖嚴，《拈花微笑》，頁 273，行 7-9。

並不一定要修得深定，況且修深定不是多數人可以做得
到的，而修行者勢必要過著離群索居的生活才可能修
得，這與佛法化導世間的宗旨相違。因此，從原始佛教
到部派佛教，從部派佛教到大乘佛教，我們發現了從重
於修定的俱解脫走向重於慧解脫的修慧的方向——漢傳
禪宗也就沿著這一修證理路而發展開來。

　　禪宗的修證方式基本上可分為兩種：一、是沒有方
法，如《楞伽經》、《維摩詰經》及《壇經》所說的頓
悟法；二是有方法，這又分為修行話頭、默照的禪法及
初機的數息、念佛方法以達成禪悟的目的。法師說：

　　　所謂無方法，在《楞伽經》說：「無門為法
　　門」，《維摩經》說：「即時豁然，還得本心」，
　　六祖說：「應無所住」，都是不講方法。至於有方
　　法，就是用棒喝、話頭、公案、默照；現在我通常
　　都用數息、念佛等觀法做為教授初機者的修行方
　　法，以達到禪悟的目的。❹

　　禪宗強調能夠使人頓悟、開悟，但是歷史上真正

---

❹　釋聖嚴，《悼念・遊化》，頁372，行14-頁373，行2。

不假修行而能夠開悟的人並不多見，❺甚至一般初機修
行者一開始修行就直接參話頭也不是那麼容易得力，
因此法師的教學中也經常輔以數息等安心的方法。❻當
修行者的心安定或統一心出現時就可轉入話頭或默照禪
法。❼事實上，單獨修行數息觀也可以完成整個解脫道
的歷程，它是大、小乘共通的禪法，法師說：

> 梵語為「安那般那」。數息觀是最普遍而基礎的
> 佛教禪定方法之一。不論小乘佛教、大乘佛教，皆

---

❺ 「然而，究竟有多少人，不假修行而頓悟的呢？甚至於能夠一悟就永悟
的呢？那樣的人，在中國禪宗的歷史上，我們見到的不多，甚至於非常
的少。」釋聖嚴，《拈花微笑》，頁248，行10-12。「無門的大道由
菩提達摩傳入中國，歷來修行禪法而頓悟的人並不多。」釋聖嚴，《聖
嚴說禪》，頁222，行7。「中國的禪宗，是不落階次的頓悟法門，若
涉及禪觀或禪教的方法，例如數息觀……等，便可能被視為漸悟法門
了。但是不假漸修而能頓悟成佛的人，畢竟太少。」釋聖嚴，《書
序》，頁188，行2-4。

❻ 「近世日本禪宗的龍澤寺派，教授初學禪眾時也用數息法，我本人亦常
以數息法教人……觀行攝心，散心已攝，則繼之以大乘禪法。」釋聖
嚴，《禪的體驗‧禪的開示》，頁351，行11-13。「雖然參話頭能使
我們開悟，但並非一開始參話頭就準備著開悟，而是要從自己所知的禪
修基礎方法開始……這通常是從數息或念佛入手，直到心比較安定、雜
念比較少的時候，才提起話頭不斷地參下去。」釋聖嚴，《聖嚴法師教
話頭禪》，頁64，行2-5。

❼ 「當統一心出現之後，如果是念佛，就可以參話頭，如果是用數息法，
則可以進入默照的層次。」釋聖嚴，《聖嚴法師教淨土法門》，頁
191，行9-10。

視之為初學者最好的入門訓練……數息觀並不只是
一個粗淺的基礎方法而已；因著每個人修習程度的
不同，它可以由淺至深，含攝一套完整的解脫道進
程。❽

　　筆者發現，在原始佛教時代，數息觀（安那般那）
的具體原形是所謂的安般念十六事（Skt. ṣoḍaśa-ākāra;
Pāli soḷasavatthuka），是俱解脫方向的修行法門，它是
配合四念處來運用，是以無常（anicca）觀為中心的禪
觀。它的最初修行階段是隨息，尚未使用數出入息的方
法。南傳《清淨道論》❾將此安般念的十六階段的每四個
階段，配合身、受、心、法分而為四組。前十二個階段
（從身念處到心念處三組）都是在修行禪定──四禪，
最後的法念處才真正在修慧觀。天台的《釋禪波羅蜜次
第法門》❿甚至將此十六階段的修法當作修得四禪八定的
法門。然而從部派佛教時代開始，開展出六個階段──

---

❽　釋聖嚴，《禪鑰》，頁 15，行 3-7。
❾　《清淨道論》卷 8：「〔安般念之十六事〕。」（CBETA, N68, no. 35,
　　p. 73, a5-p. 100, a11 // PTS.Vism.271 - PTS.Vism.291）
❿　《釋禪波羅蜜次第法門》卷 7：「此十六法應須竪對諸禪八觀法相關
　　故……十二觀無常，對四禪不動定。十三觀出散，對空處。十四觀離
　　欲，對識處。十五觀滅，對不用處。十六觀棄捨，對非想非非想。」
　　（CBETA, T46, no. 1916, p. 526, b17-27）

數、隨、止、觀、還、淨——的安般念修行方式，稱作六因（Skt. ṣaṭ-kāraṇa）、六事或六種，其前三法——數、隨、止——相當與十六特勝的第一組四法——身念處。完成修止可進入近行定（未到地定）或安止定（初禪）。六事的後三法——觀、還、淨——則相當於十六特勝第四組四法的法念處。換言之，六事是慧解脫的法門，而十六特勝是俱解脫的法門。部派佛教綜合性論書——《大毘婆沙論》❶將此安般念的兩類修法並陳。然而到了《俱舍論》❷，就只有保留六階段的安般念修法❸。天台智顗進一步將此六階段的安般念組織成通於大乘的《六妙法門》。❹這說明了數息觀在原始佛教是一套具有俱解脫修行方向的禪法，而到了部派乃至大乘佛教，已經朝向的慧解脫方向發展。慧解脫重於頓悟，與

---

❶ 《阿毘達磨大毘婆沙論》卷 26。（CBETA, T27, no. 1545, p. 132, a9-p. 137, a12）

❷ 《阿毘達磨俱舍論》卷 22〈分別賢聖品 6〉。（CBETA, T29, no. 1558, p. 118, a8-b22）

❸ 日本學者佐々木憲德氏在其《漢魏六朝禪觀發展史論》中關於「禪觀的缺點」曾加以論述：「禅観は根性浅劣の者にとりて、成功困難といふの孳あり。たとへば数息観の如きにありても、之を修して散動の心を調ふるということは容易ならず。静めんと欲すれば莵つて乱れ……。」對於後代展開種種不同的安般念修行法門，佐々木提出來兩個論點：（1）禪觀相當受到修行者的重視。（2）但修行者的禪修能力有所不足。請參考：佐々木憲德著《漢魏六朝禪觀發展史論》（東京：平文社，1976）p. 11。

❹ 《六妙法門》。（CBETA, T46, no. 1917, p. 549, a3-p. 555, c7）

俱解脫重於次第禪定的修得，的確大有不同。❶

二、四諦、十二因緣與話頭禪法

　　在〈漢傳禪佛教之起源與開展——中華禪法鼓宗默
照禪修行體系之建構〉❶一文中，筆者分析「四念住與
默照禪的對應關係」，詳細說明了默照禪是在四念住的
總相念基礎上來加以運用的❶。事實上，默照與話頭的
修行學理是相通的❶，其關鍵都是在破除自我中心❶。小
乘的次第禪觀是以五停心觀來修「止」，然後以四念住
的別相念與總相念來修「止觀」，其後修煖、頂、忍、
世第一法之四善根時才是純粹的慧「觀」，最後證入初
果到四果。其修行次第如下圖：

---

❶　「《俱舍論》則認爲慧解脫是僅以無漏慧離煩惱而得解脫，俱解脫則
　　須入滅盡定發無漏慧除障得解脫，乃是先定發慧而得解脫。」釋聖嚴，
　　《神會禪師的悟境》，頁 84，行 14-16。「只要放下心中的一切，就是
　　明心見性、頓悟成佛。在印度，有不少阿羅漢並沒有打坐，他們只是聽
　　聞佛法，立刻就證了阿羅漢果，這叫慧解脫阿羅漢。」釋聖嚴，《聖嚴
　　說禪》，頁 35，行 1-3。
❶　請參考《聖嚴研究》第八輯，頁 7-59。
❶　「四念住的次第觀名爲『別相念』，整體的綜合觀名爲『總相念』。
　　禪宗是從總相念的基礎上，教我們只管打坐，便是默照禪的入門手段
　　了。」釋聖嚴，《聖嚴法師教默照禪》，頁 35，行 5-6。
❶　「參話頭和只管打坐的結果是相同的。參話頭參到最後，是把煩惱全部
　　爆炸掉，炸得粉碎。」釋聖嚴，《禪鑰》，頁 69，行 6-7。
❶　「參公案或參話頭，到最後，把自我中心全部粉碎、徹底瓦解。」釋聖
　　嚴，《禪的世界》，頁 54，行 5-6。

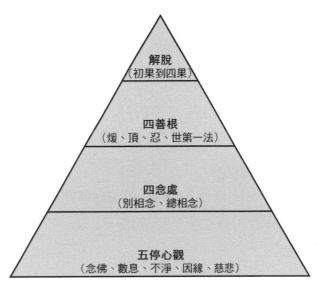

圖一：次第禪觀的修行歷程圖

　　修習四念住成就，能夠進入四善根位，下面一段
《俱舍論》❷的文中，說明了完成四念住之後而進入四
善根的第一個位次──煖位，引文如下：

　　修習總緣共相法念住，漸次成熟乃至上上品。從
　　此念住後，有順決擇分初善根生，名為煖法。此法
　　如煖立煖法名，是能燒惑薪聖道火前相，如火前相
　　故名為煖。此煖善根分位長故，能具觀察四聖諦

❷　《阿毘達磨俱舍論》卷 23，〈分別賢聖品 6〉。（CBETA, T29, no. 1558,
　　p. 119, b10-15）

境，及能具修十六行相。

四念住修行純熟之後，會有「煖」善根生，它是能夠燒掉煩惱惑之薪材，這薪材若生火，能將煩惱燒掉，經過頂、忍、世第一而進入聖位。而這「煖」善根出生，如「火前相」，《坐禪三昧經》形容為鑽火煙出[21]。這隨著煖法善根的增長，就能夠觀四諦修十六行相[22]。煖法的最初修法，為「初安足」[23]，我們以下表，羅列於下表：

表一：煖（初安足）之修法與四諦十六行相

四諦	四念住：現在→未來	十六行相：現在→未來
緣苦諦	法念住→四念住	非常苦空無我：1 → 4
緣集諦	法念住→四念住	因集生緣：1 → 4

---

[21] 《坐禪三昧經》卷2：「諸煩惱薪，無漏智火燒，火欲出初相，名為煖法，譬如鑽火，初鑽煙出，是名煖，是為涅槃道初相。」（CBETA, T15, no. 614, p. 279, b19-21）

[22] 《阿毘達磨俱舍論》卷23，〈分別賢聖品6〉：「觀苦聖諦修四行相，一非常二苦三空四非我。觀集聖諦修四行相，一因二集三生四緣。觀滅聖諦修四行相，一滅二靜三妙四離。觀道聖諦修四行相，一道二如三行四出。」（CBETA, T29, no. 1558, p. 119, b15-19）

[23] 《阿毘達磨俱舍論》卷23，〈分別賢聖品6〉：「此中煖法初安足時，緣三諦法念住現在，修未來四，隨一行相現在，修未來四。緣滅諦法念住現在，修未來一，隨一行相現在，修未來四。由此種性先未曾得，要同分者方能修故。」（CBETA, T29, no. 1558, p. 119, c19-23）

境，及能具修十六行相。

四念住修行純熟之後，會有「煖」善根生，它是能夠燒掉煩惱惑之薪材，這薪材若生火，能將煩惱燒掉，經過頂、忍、世第一而進入聖位。而這「煖」善根出生，如「火前相」，《坐禪三昧經》形容為鑽火煙出[21]。這隨著煖法善根的增長，就能夠觀四諦修十六行相[22]。煖法的最初修法，為「初安足」[23]，我們以下表，羅列於下表：

表一：煖（初安足）之修法與四諦十六行相

四諦	四念住：現在→未來	十六行相：現在→未來
緣苦諦	法念住→四念住	非常苦空無我：1 → 4
緣集諦	法念住→四念住	因集生緣：1 → 4

---

[21] 《坐禪三昧經》卷2：「諸煩惱薪，無漏智火燒，火欲出初相，名為煖法，譬如鑽火，初鑽煙出，是名煖，是為涅槃道初相。」（CBETA, T15, no. 614, p. 279, b19-21）

[22] 《阿毘達磨俱舍論》卷23，〈分別賢聖品6〉：「觀苦聖諦修四行相，一非常二苦三空四非我。觀集聖諦修四行相，一因二集三生四緣。觀滅聖諦修四行相，一滅二靜三妙四離。觀道聖諦修四行相，一道二如三行四出。」（CBETA, T29, no. 1558, p. 119, b15-19）

[23] 《阿毘達磨俱舍論》卷23，〈分別賢聖品6〉：「此中煖法初安足時，緣三諦法念住現在，修未來四，隨一行相現在，修未來四。緣滅諦法念住現在，修未來一，隨一行相現在，修未來四。由此種性先未曾得，要同分者方能修故。」（CBETA, T29, no. 1558, p. 119, c19-23）

| 緣道諦 | 法念住→四念住 | 道如行出：1 → 4 |
| 緣滅諦 | 法念住→法念住 | 滅靜妙離：1 → 4 |

　　煖的實際的修法上，以法念住來觀苦諦的無常苦空無我的四行相，是觀四諦十六行相的修道核心內涵。因此有的論典說，十六行相也可以簡化為七個，那就是：苦諦的無常、苦、空、無我四個，再加上集諦、道諦及滅諦三個。苦是因為有我，所以現在的我在受苦，無常本來也是法印 ❷，但執著有常、有我的話就為無常壞滅所苦 ❷；諸法無我也是法印，但因執著有我，所以受苦而不自在；因執著有我，就會執著我所，但實際上，五蘊的身心是「非我者亦非我所」，❷而執著我所就會落入或「有」或「無」❷而受苦。事實上，深入觀

---

❷　《雜阿含經》卷 3：「無常者，是有為行，從緣起，是患法、滅法、離欲法、斷知法，是名聖法印……。」（CBETA, T02, no. 99, p. 20, b23-24）

❷　《阿毘達磨俱舍論》卷 22，〈分別賢聖品 6〉：「諸佛正遍覺，知諸行非常，及有為變壞，故說受皆苦。」（CBETA, T29, no. 1558, p. 115, b14-15）

❷　《雜阿含經》卷 1：「色無常……非我者亦非我所……如是受、想、行、識無常，無常即苦，苦即非我，非我者亦非我所。如是觀者，名真實觀。」（CBETA, T02, no. 99, p. 2, a3-7）

❷　《阿毘達磨俱舍論》卷 26，〈分別智品 7〉：「違我所見故空。」（CBETA, T29, no. 1558, p. 137, a10）

察苦、無常之後，不去執著有、無的話，就可以通達無我、空而解脫。並且修世第一法時，是以集中觀察苦諦而見道的 ❷。觀察四諦只是將「苦」的流轉、還滅的前後因果關係加以深入觀察而已。觀察苦因的種種因緣條件是集諦（因集生緣），發現到其根本原因是貪欲，貪欲又源於我執。❷故修道諦的核心無非是將自我中心的「我執」放下而已，放下我執即可達成滅諦的「滅靜妙離」。我們將苦、集二諦流轉之三世兩重因果與十二因緣的對應關係表列於後：

表二：苦、集二諦與三世兩重因果（十二因緣）

苦、集二諦	三世兩重因果	十二因緣
集	過去惑業	無明、行
苦	現在受報	識、名色、六入、觸、受
集	現在惑業	愛、取、有
苦	未來受報	生、老死

❷ 《阿毘達磨俱舍論》卷 23，〈分別賢聖品 6〉：「世第一法緣欲苦諦法念住現在，修未來四，隨一行相現在，修未來四。無異分故，似見道故。」（CBETA, T29, no. 1558, p. 120, a7-9）

❷ 《阿毘達磨俱舍論》卷 26，〈分別智品 7〉：「因集生緣如經所釋，謂五取蘊以欲為根，以欲為集，以欲為類，以欲為生。唯此生聲應在後說，與論為異。此四體相差別云何？由隨位別四欲有異：一執現總我起總自體欲，二執當總我起總後有欲，三執當別我起別後有欲，四執續生我起續生時欲，或執造業我起造業時欲。」（CBETA, T29, no. 1558, p. 137, a26-b3）

上述的苦、集二諦，無非都是有一個「我」在生死流轉而已。我們以禪宗參話頭的「拖死屍的是誰」方法做為道諦的修行方法，來說明如何出離苦、集二諦而達到滅諦，如下表：

表三：「拖死屍的是誰」與四諦

集	過去惑業──無明、行		有我
苦	現在身心──必將老死	死屍	有我
道	現在修道	拖死屍的是誰？	無我（方向）
滅	未來解脫	破疑團（開悟）	（見到）無我

參「拖死屍的是誰」時，知道現在的身心是過去惑業所帶來的果報，而且現世的有一天必將成為死屍，故能將身心放下，不再起惑造業，參這必將成為死屍的主人是誰，於是參話頭的行者必能時時將我執放下，故現在修道是朝著無我的方向，到破疑團開悟時，即見到無我空性，而能夠朝向未來的解脫。

我們再以參「不思善不思惡的本來面目是誰？」的話頭來說明。有情由於過去世的惑業，而有現在世的身心──六根在受報，現在世的六識也在起惑造業，這主要是意識的思善思惡的作用，這都起因於我執之故，故現在參這「不思善不思惡」──的本來面目是誰，能朝向未來的解脫──滅諦。如下表所示：

表四：「不思善不思惡」與四諦

集	過去惑業——無明、行		有我
苦	現在身心——六識造業 ❸	思善思惡	有我
道	現在修道	不思善不思惡的本來面目是誰？	無我（方向）
滅	未來解脫	破疑團（開悟）	無我

　　「什麼是無？」是來自趙州的無字公案，它簡短❸有力❸，它不是有無之無，大慧宗杲稱它為「眞無之無」❸。此話頭幾乎沒有任何意象可以提供想像的空間，此「無」也是被《宗鏡錄》等諸大禪師語錄引用做爲詮釋的龐居士所說的——「但願空諸所有。愼勿

---

❸　《大佛頂如來密因修證了義諸菩薩萬行首楞嚴經》卷 8：「云何六報？阿難！一切眾生六識造業，所招惡報從六根出。」（CBETA, T19, no. 945, p. 144, a28-29）

❸　「若是覺得『未出娘胎前的本來面目是誰？』或『拖著死屍走的是誰？』句子太長，可以參比較簡短的話頭，例如『無字公案』的『無』，也就是『什麼是無？』。」釋聖嚴，《聖嚴法師教話頭禪》，頁 30，行 2-4。

❸　「大慧宗杲（一〇八九——一一六三年），極力推崇『趙州無字』。無門慧開（一一八三——一二六〇年）所集的《無門關》，共收四十八則公案，其開頭第一則，便是『趙州無字』。相信這是由於他們經驗到了參『無』字公案的效果快速而力量強大之故。」釋聖嚴，《禪的體驗・禪的開示》，頁 84，行 11-14。

❸　《大慧普覺禪師語錄》卷 17：「僧問趙州：狗子還有佛性也無？州云：無。爾措大家，多愛穿鑿說道，這箇不是有無之無，乃是眞無之無，不屬世間虛豁之無。」（CBETA, T47, no. 1998A, p. 886, a5-8）

實諸所無。」❸——不墮有無之「無」，可說唯悟乃知之無。從十二因緣的現在世說，乃由於「愛、取」之起惑——集諦，而有能夠造業之「有」——苦諦，而現世的「有」苦，將會感來生之生死苦果。可說流轉生死，一切「都緣於有」❸，這「有」也就是「有」我。若參「什麼是無？」——道諦，破疑團（開悟）時，就能真正知道什麼是「無」——滅諦。

表五：「什麼是無？」與四諦

集	過去惑業——無明、行		「有」我
苦	現在身心——都緣於「有」		「有」我
道	現在修道	什麼是無？	「無」我（方向）
滅	未來解脫	破疑團（開悟）	「無」我

　　觀察四諦十六行相到達「不依名言戲論門」時即

---

❸　《龐居士語錄》卷 1。（CBETA, X69, no. 1336, p. 134, b11 // Z 2:25, p. 31, b11 // R120, p. 61, b11）

❸　「因為有愛、有取，人類的生命過程中便造了種種行為、種種的業。而不住的愛取、不住造業的原因，**都緣於『有』**——緣於我們將自我的身心、乃至於器世間的一切都視為『具體的存在』、視為**實存的『有』**。由於誤認為真實，以致牢牢執取，不肯放下，便任由愛取，埋首造業。業力的種子又埋藏於第八識『阿賴耶識』中，七識於微細的流轉識中依然將『業識的種子』視為**『真實有』**，以為**『有我』**、『我在』；於是，又將具胎成形，投入下一生了。」釋聖嚴，《聖嚴法師教觀音法門》，頁 90，行 5-10。

可悟入出世間，⑯這與參話頭到了「言思路絕，心行處
滅」而開悟，⑰可說有異曲同工之妙。

以上，以四諦、十二因緣來說明參話頭的修行
學理。

三、禪機之經證——《楞伽經》

禪宗於六祖之後，漸漸形成五大宗派，各宗祖師大
出，禪機大行，異於傳統修證方式，特別是臨濟、曹洞
兩宗也法源於此時期⑱。

六祖惠能之後，一變純樸的風格，棒打及喝罵的
機用大行。所謂機用……乃是直接用緊逼的方式，
或揮拳、或腳踢、或毒罵、或用矛盾語、或用無意

---

⑯ 《大乘阿毘達磨集論》卷5，〈諦品1〉：「於諸諦中十六行相，皆通
世間及出世間。世間出世間有何差別？於所知境，不善悟入，善悟入性
差別故……出世行相與此相違。出世行相現在前時，雖復現證見無常
義，然不依名言戲論門。」（CBETA, T31, no. 1605, p. 686, a3-10）

⑰ 「再如中國的禪宗，主張『不立文字』，主張『言思路絕，心行處
滅』，他們不需要繁複的知識，因他們能從篤行之中，自然見到慧光，那
就叫作開悟。」釋聖嚴，《正信的佛教》，頁155，行16-頁156，行2。

⑱ 「禪機大行的時間，是從惠能入寂，以迄五代的末期（九五九年為五代
的最後一年），大約二百五十年的期間，禪宗的大師輩出，由六祖門下
的大弟子們，漸漸地輾轉相傳，形成了五家不同風格的宗派。迄近世仍
在流行的臨濟及曹洞的兩派的禪宗，即是發源在這個禪機的時代。」釋
聖嚴，《禪的體驗‧禪的開示》，頁68，行4-7。

味語，來點出戮破修行者的我見……以到達悟的境
地。可見，所謂禪機，是靈活運用不拘一定形式的
動作和語句，使得修行者，得到禪的功能──智慧的
顯現。❸

　　簡單地說，禪法的指導者──老師用禪機，而修行
者──學生用參禪。❹老師用禪機來指導、幫助學生參
禪而達成開悟的目的。但法師也提醒禪機對真正用功的
人才有用，若流於形式則沒有意義了。❹這樣的修證方
式，我們也在印度大乘佛教──《楞伽經》中找到它的
理論根據。

　　大慧！非一切剎土有言說。言說者，是作相耳。
或有佛剎瞻視顯法，或有作相、或有揚眉、或有動
睛、或笑、或欠、或謦咳、或念剎土、或動搖。大
慧！如瞻視，及香積世界，普賢如來國土，但以瞻

❸　釋聖嚴，《禪的體驗‧禪的開示》，頁67，行13-頁68，行3。
❹　「禪的方法最簡單，叫作禪機或是參禪。老師幫助學生修行時用禪機，
　　學生自己修行時則用參禪。」釋聖嚴，《禪與悟》，頁284，行8-9。
　　「所謂禪機就是引用棒喝、機鋒等手段來幫助禪修者破除我執。」釋聖
　　嚴，《禪與悟》，頁32，行4。
❹　「禪機的運用對真正用功的人非常有用，如果只流於遊戲，這種對話毫
　　無意義。」釋聖嚴，《聖嚴說禪》，頁55，行1-2。

視令諸菩薩得無生法忍，及殊勝三昧。❹

　　澄觀❸及宗密❹也對此段做了解釋，明末憨山大師，稱師生之間能以運用禪機而深證「諸法寂滅相」、「離言三昧」。❺用禪機使修行者達成開悟而不重視次第禪定，成為漢傳禪佛教的特色。❻

四、頓與漸──從如來禪到祖師禪

　　漢傳禪宗初祖達摩大師以四卷《楞伽經》為心印，現存《楞伽經》文本不但保留了劉宋求那跋陀羅的四卷《楞伽阿跋多羅寶經》；北魏菩提流支的十卷《入楞伽經》及唐代實叉難陀的七卷《大乘入楞伽經》

---

❹ 《楞伽阿跋多羅寶經》卷 2，〈一切佛語心品〉。（CBETA, T16, no. 670, p. 493, a26-b3）

❸ 《大方廣佛華嚴經隨疏演義鈔》卷 12。（CBETA, T36, no. 1736, p. 93, b19-p. 94, a9）

❹ 《圓覺經大疏釋義鈔》卷 3。（CBETA, X09, no. 245, p. 526, b10-c5 // Z 1:14, p. 271, a11-b12 // R14, p. 541, a11-b12）

❺ 《觀楞伽經記》卷 3：「所謂諸法寂滅相，不可以言宣。從上佛祖所傳不言之道，義見於此。故臨濟德山棒喝交馳，仰山圓相，石鞏張弓，道吾舞笏，皆深證此離言三昧者也。」（CBETA, X17, no. 326, p. 382, a23-b2 // Z 1:25, p. 421, a5-8 // R25, p. 841, a5-8）

❻ 「惠能前後一直到晚唐時代是中期，不重視禪觀而重視**禪機**。唐末至南宋之後是後期，演變成了參話頭、念佛禪、默照禪。其中的禪宗，跟印度佛教最大的不同，是不重視次第的禪定，而強調即定即慧、即慧即定、頓修頓悟、自悟自證。」釋聖嚴，《悼念·遊化》，頁 415，行 1-3。

等三種漢譯本，到了二十世紀更發現了它的梵文原典
Laṅkâvatāra-sūtra。禪宗的不少修證方式都可從該經找
到根據，無論從實踐面向或理論層次，《楞伽經》的存
在對漢傳禪佛教的重要性實在無法言喻。漢傳佛教之頓
漸議題肇始於竺道生對頓悟的發明及其後《涅槃經》之
譯出，「頓漸」也是漢傳各宗派對判教的重要論點，而
對禪宗的修證學理而言，更是重要中之重要了。此外，
六祖之後的禪機大用流行，頓悟與否也成爲禪宗各系修
證上的重要指標。這悟修之「頓漸」，我們也可以從
《楞伽經》中找到它的經證。

　　道生受到道家、儒家思想的啓發 ❼，大膽地提出
頓悟說 ❽，《涅槃經》的傳來，更證明了道生有先見之
明，他的「一切眾生，悉有佛性」及「頓悟成佛」主
張❾的確是有根據的 ❿。這些都是思想性的啓發，但頓

---

❼　「雖在《楞伽經》中已有「頓現」之說，不過像道生那樣的大頓悟，應
　　該是受了中國儒家及道家的影響，也可以說，透過中國傳統的固有思
　　想，才將佛教的思想向前推進了一大步。」釋聖嚴，《學術論考》，頁
　　100，行 2-5。

❽　「到了西元第五世紀，道生法師出世，依據他自己的修證經驗，便大膽
　　地提出了『頓悟』成佛的主張。」釋聖嚴，《學術論考》，頁 99，行
　　6-7。

❾　「道生法師就已經主張頓悟成佛及眾生皆有佛性。」釋聖嚴，《學術論
　　考》，頁 89，行 10-11。

❿　「四十卷本的《大般涅槃經》，由曇無讖在南京譯出，於其卷二十七的
　　〈獅子吼菩薩品〉，果然見到了佛說：『我常宣說，一切眾生，悉有佛

漸悟修之學理，可說源自《楞伽經》。《楞伽經》代表
印度傳來的大乘禪、如來禪，是漢傳禪佛教的重要源
頭，**❺** 而自達摩開始便將其轉化爲祖師禪。**❻**「頓與漸」
爲漢傳佛教各家做爲判教的標準乃至修證指標，以宗密
的話語，判教標準稱爲「就佛約教」；修證指標稱爲
「就機約悟修」。**❻**本節以（一）《楞伽經》的四漸四
頓、（二）達摩的二入四行、（三）《壇經》的頓修頓
悟、（四）神會的頓悟漸修、（五）澄觀的解悟證悟、
（六）宗密的九對頓漸、（七）中華禪的開悟三種類型
及（八）《壇經》的「漸修」、「頓修」與「頓悟」在
實踐上意義等八小節來加以論述。

性，乃至一闡提等，亦有佛性』的經文。證明道生的先見之明，是正確
的。」釋聖嚴，《學術論考 II》，頁 96，行 15-頁 97，行 2。

❺ 「禪在中國，初期所傳，與印度的佛教無異，對於禪定的修行，在中國
的發展，分成兩大流，一是綜合印度的大小乘的方法，加以開發而成天
台宗的止觀；**一是從印度傳來的大乘禪或如來禪，加以開發而成禪宗的
話頭（公案）禪及默照禪。**」釋聖嚴，《禪的體驗・禪的開示》，頁
47，行 2-5。

❻ 「及至菩提達摩（Bodhidharma）來華，便爲中國的祖師禪，開了基
業。」釋聖嚴，《中國佛教史概說》，頁 126，行 13-14。

❻ 〈禪源諸詮集都序〉卷 2：「此上頓漸皆就佛約教而說。若就**機**約悟修
說者。意又不同。」（CBETA, T48, no. 2015, p. 407, c12-13）

（一）《楞伽經》的四漸四頓

《楞伽經》將修證的頓漸分為「四漸四頓」：

> 「世尊！云何淨除一切眾生自心現流？為頓為漸耶？」佛告大慧：「漸淨非頓。如菴羅果，漸熟非頓；如來淨除一切眾生自心現流，亦復如是，漸淨非頓。譬如陶家造作諸器，漸成非頓；如來淨除一切眾生自心現流，亦復如是，漸淨非頓。譬如大地漸生萬物，非頓生也；如來淨除一切眾生自心現流，亦復如是，漸淨非頓。譬如人學音樂書畫種種伎術，漸成非頓；如來淨除一切眾生自心現流，亦復如是，漸淨非頓。譬如明鏡，頓現一切無相色像；如來淨除一切眾生自心現流，亦復如是，頓現無相、無有所有清淨境界。如日月輪，頓照顯示一切色像；如來為離自心現習氣過患眾生，亦復如是，頓為顯示不思議智最勝境界。譬如藏識，頓分別知自心現及身安立受用境界；彼諸依佛，亦復如是。頓熟眾生所處境界，以修行者安處於彼色究竟天。譬如法佛所作依佛，光明照曜。自覺聖趣，亦復如是。」❺

---

❺ 《楞伽阿跋多羅寶經》卷 1，〈一切佛語心品〉。（CBETA, T16, no.

《楞伽經》四頓的最後兩頓是譬喻化、報、法三身佛的修證，我們對照《大乘入楞伽經・集一切法品》來看的話，第三頓是指報身佛（Niṣyandabuddha）；第四頓指法身佛（Dharmatābuddha）顯現報身佛及化身佛（Nirmāṇabuddha），可見《楞伽經》是以高標準的如來禪來說明頓漸之修證問題。有關四漸四頓之修證次第，澄觀加以配比菩薩的修行位次，在第（五）小節的〈澄觀的解悟證悟〉文中我們會提到。宗密則將《楞伽經》的四漸四頓也歸類為一種「漸修頓悟」的類型。❺

（二）達摩的二入四行

菩提達摩（？－535）著《菩提達磨大師略辨大乘入道四行觀》❺，又簡稱為〈二入四行〉。該文中蘊涵頓漸悟修的修證學理，二入是指理入與行入，其中有關理入之文如下：

夫入道多途，要而言之不出二種：一是理入，二

670, p. 485, c27-p. 486, a17）

❺ 〈禪源諸詮集都序〉卷2：「況楞伽四漸四頓（義與漸修頓悟相類）。」（CBETA, T48, no. 2015, p. 408, a8）

❺ 菩提達摩著作多為後人偽託，但學術界肯定〈二入四行〉代表達摩的思想。參考：黃偉雄〈菩提達摩在中國禪宗史的地位〉，《國際佛學研究》第2期，頁20。

是行入。理入者謂藉教悟宗。深信含生同一真性，
但為客塵妄想所覆不能顯了。若也捨妄歸真，凝住
壁觀，無自無他，凡聖等一堅住不移，更不隨文
教。此即與理冥符，無有分別，寂然無為，名之理
入。❺

　　從上述段落中，可以看出「理入」有兩個層次，其
一是：「藉教悟宗」而「深信真性」，其二是：「凝住
壁觀」而「與理冥符」。前者是解悟（頓悟），後者是
修證——禪定壁觀（漸修）而後證悟（頓悟）。
　　「四行」是報冤行、隨緣行、無所求行及稱法行
四種行❺。而第四的稱法行也很明顯地有頓漸悟修的關
係，茲引文如下：

　　　四稱法行者。性淨之理目之為法。此理眾相斯

---

❺　《菩提達磨大師略辨大乘入道四行觀》卷 1（CBETA, X63, no. 1217, p.
　　1, a20-24 // Z 2:15, p. 404, a14-18 // R110, p. 807, a14-18）；又《楞伽師
　　資記》卷 1（CBETA, T85, no. 2837, p. 1285, a11-16）亦錄有全文。前者
　　有達摩的弟子曇琳有為此篇所作的序文。
❺　《菩提達磨大師略辨大乘入道四行觀》卷 1：「行入謂四行，其餘諸行
　　悉入此中。何等四耶？一報冤行，二隨緣行，三無所求行，四稱法
　　行。」（CBETA, X63, no. 1217, p. 1, a24-b2 // Z 2:15, p. 404, a18-b2 //
　　R110, p. 807, a18-b2）

空。無染無著無此無彼。經曰法無眾生離眾生垢
故。法無有我離我垢故。智者若能<u>信解此理</u>。應當
<u>稱法而行</u>。❺⁹

　　此文中的「信解此理」，相當與解悟（頓悟），而
「稱法而行」意即解悟後的起修（漸修），這與理入相
互呼應，即解悟而後修行。理入與行入的悟修頓漸關係
如下：

　　　理入：頓悟（解悟）→漸修（禪定壁觀）→頓悟
　　　　　　（證悟）。

　　　行入：頓悟（解悟）→漸修。❻⁰

（三）《壇經》❻¹的頓修頓悟

　　頓漸悟修是《壇經》關鍵性的論題，本文對比「敦

---

❺⁹　《菩提達磨大師略辨大乘入道四行觀》卷 1。（CBETA, X63, no. 1217,
　　p. 1, b18-20 // Z 2:15, p. 404, b18-c2 // R110, p. 807, b18-p. 808, a2）

❻⁰　「菩提達摩著的《大乘入道四行》之中，雖也有『不隨於言教』的『理
　　入』頓門，但他也列出了另外四種漸修的修行法門，稱為『四行。』」
　　釋聖嚴，《學術論考 II》，頁 98，行 13-15。

❻¹　又稱《六祖壇經》，為禪宗六祖惠能（638-713）所說，於歷史流傳中
　　有多種版本。原為禪宗祖師語錄型態，而被稱為「經」，可見其在漢傳
　　佛教中有無比的重要性。

煌本」❷及「宗寶本」❸兩版本來提示相關引文。以下將
「敦煌本」摘列於本論文中,而參照的「宗寶本」則置
於註解中。對《壇經》頓漸之論述,主要有四段內容,
雖文字上有若干差異,於核心觀點上,兩版本仍然是相
當一致的。

　　善知識!法無頓漸,人有利鈍。迷即漸勸,悟人
頓修。識自本心,是見本性,悟即原無差別,不悟
即長劫輪迴。善知識!我此法門,從上以來,頓漸
皆立無念為宗,無相為體,無住為本。(敦煌本)❹

　　說通及心通,如日處虛空,惟傳頓教法,出世破
邪宗。教即無頓漸,迷悟有遲疾,若學頓教法,愚
人不可悉。(敦煌本)❻

---

❷　即《南宗頓教最上大乘摩訶般若波羅蜜經六祖惠能大師於韶州大梵寺施
法壇經》。(CBETA, T48, no. 2007)
❸　即《六祖大師法寶壇經》。(CBETA, T48, no. 2008)
❹　「敦煌本」(CBETA, T48, no. 2007, p. 338, b29-c4)。「宗寶本」則
為:「善知識!本來正教,無有頓漸,人性自有利鈍。迷人漸修,悟人
頓契(修)。自識本心,自見本性,即無差別,所以立頓漸之假名。善
知識!我此法門,從上以來,先立無念為宗,無相為體,無住為本。」
(CBETA, T48, no. 2008, p. 353, a7-12)
❻　此段為偈頌體,見「敦煌本」(CBETA, T48, no. 2007, p. 341, c17-
21)。「宗寶本」則為:「說通及心通,如日處虛空,唯傳見性法,出
世破邪宗。法即無頓漸,迷悟有遲疾,只此見性門,愚人不可悉。」

何以漸頓？法即一種，見有遲疾，見遲即漸，見疾即頓，法無漸頓，人有利鈍，故名漸頓。（敦煌本）⓺

「得悟自性，亦不立戒定惠。」志誠言：「請大師說，不立如何？」大師言：「自性無非、無亂、無癡，念念般若觀照，常離法相，有何可立？自性頓修，無有漸次，所以不立。」（敦煌本）⓺

從上述四段文中，可看出《壇經》的立場很鮮明：其一，是主張佛法是一味的，沒有一定的頓法與漸法可言，但由於修行人根器的鈍與利，開悟時有慢與快之別，前者稱爲迷人 ⓺，後者叫作悟人。其二，是《壇經》

（CBETA, T48, no. 2008, p. 351, b14-18）

⓺ 「敦煌本」（CBETA, T48, no. 2007, p. 342, b3-5）。「宗寶本」則爲：「法即一種，見有遲疾。何名頓漸？法無頓漸，人有利鈍，故名頓漸。」（CBETA, T48, no. 2008, p. 358, b8-9）

⓺ 「敦煌本」（CBETA, T48, no. 2007, p. 342, b28-c2）。「宗寶本」則爲：「如何是不立義？」師曰：「自性無非、無癡無亂，念念般若觀照，常離法相，自由自在，縱橫盡得，有何可立？自性自悟，頓悟頓修，亦無漸次，所以不立一切法。」（CBETA, T48, no. 2008, p. 358, c25-29）

⓺ 「迷人」一詞在「敦煌本」中共用了二十次；在「宗寶本」中十五次。「悟人」一詞在「敦煌本」中共用了二次；在「宗寶本」中三次，可見《壇經》旨在化迷爲悟。

主張頓教法門。「頓教」的用語，「宗寶本」共出現十次，「敦煌本」中則「頓教」一詞不但是經題的一部分，經文中更出現有十五次之多。正因為《壇經》是頓教法門，所以主張「悟」的時候一定是「頓」的。**❻❾**只是在迷的時候是漸修 **❼⓿**，而悟的時候並沒有差別 **❼❶**。簡而言之，《壇經》所主張的頓悟法門，當悟的時候一定是頓悟，此頓悟法門不單是為悟人而說，更是為化迷為悟的。因此我們可以得出《壇經》的立場是：悟人是頓修頓悟；迷人是漸修頓悟。這一《壇經》的頓修主張，在《楞伽經》是看不到的。此外，《壇經》的頓悟並未做解悟與證悟之區分。

---

❻❾　「敦煌本」：「善知識！我於忍和尚處，一聞言下大悟，頓見真如本性。是故以**頓悟**教法流行後代，令學道者**頓悟**菩提，各自觀心，令自本性**頓悟**。」（CBETA, T48, no. 2007, p. 340, c3-6）「宗寶本」：「善知識！我於忍和尚處，一聞言下便悟，頓見真如本性。是以將此教法流行，令學道者**頓悟**菩提。各自觀心，自見本性。」（CBETA, T48, no. 2008, p. 351, a13-16）

❼⓿　「敦煌本」：「迷即漸勸，悟人頓修。」（CBETA, T48, no. 2007, p. 338, c1）「宗寶本」：「迷人漸修（契），悟人頓契（修）。」（CBETA, T48, no. 2008, p. 353, a9）

❼❶　「宗寶本」：「善知識！本來正教，無有頓漸，人性自有利鈍。迷人漸修，悟人頓契（修）。**自識本心，自見本性，即無差別**，所以立頓漸之假名。」（CBETA, T48, no. 2008, p. 353, a8-10）

（四）神會的頓悟漸修

荷澤神會（668－760）對頓漸的看法，我們從其所著的《菩提達摩南宗定是非論》的兩份敦煌寫本中，明顯可見其「頓悟漸修」之主張。

> 我六代大師，一一皆言單刀直入，直了見性，不言階漸。夫學道者須頓悟漸修，不離是□□❼得解脫。譬如母頓生子，與乳漸漸養育，其子智慧自然增長，頓悟見佛性者，亦復如是。智慧自然漸漸增長。❼。

> 我六代大師，一一皆言單刀直入，直了見性，不言階漸。夫學道者須頓見佛性，漸修因緣，不離是生而得解脫。譬如其母，頓生其子，與乳漸養育，其子智慧，自然增長。頓悟見佛性者，亦復如是，智慧自然漸漸增長。❼

---

❼ 於抄本第三四八八號，此處爲闕字，對比第二○四五號，此兩字應爲「生而」。

❼ 《菩提達摩南宗定是非論》（伯希和第三四八八號）：法 Pel. chin. 3488，法國國家圖書館藏，敦煌西域文獻第 24 冊，第 322 頁。（上海：古籍出版社，2002 年）

❼ 《菩提達摩南宗定是非論》（伯希和第二○四五號之第一件）：法 Pel. chin. 2045（1），法國國家圖書館藏，敦煌西域文獻第 3 冊，第 137 頁。（上海：古籍出版社，1994 年）

　　上述第一份寫本，明確顯示神會的「頓悟漸修」立場，第二份寫本則用「頓見佛性，漸修因緣」——從其前後關鍵字的「頓見、漸修」，意義實等同第一份的「頓悟漸修」。而兩寫本都用「頓生子，漸養育」來比喻「頓悟見佛性，智慧自然漸漸增長」。我們從宗密的《圓覺經大疏》❼中，可以看到幾乎相同的比喻。按宗密的說法，此「頓悟漸修」的頓悟應指解悟而言。頓悟合乎《壇經》的思想，但《壇經》並不區分這頓悟是解悟或證悟，而頓悟之後的漸修，《壇經》也沒有特別提出來討論。神會主張頓悟漸修很可能受到達摩「二入四行」的啓發而提出，二入四行的理入是「頓悟」，四行是「漸修」❼。當然，漸修的主張，也有可能受到《楞伽經》的「四漸四頓」之影響。

　　《壇經》是專化上根人而兼勸小根人的頓教法門，《壇經》的「頓修頓悟」是上根人的頓悟法門，但一般人恐無從據以爲憑，以爲無事可做❼。神會提出六代大

---

❼　《圓覺經大疏》：「其頓漸悟修者，頓悟（日出孩生）漸修（霜消孩長）爲解悟。」（CBETA, X09, no. 243, p. 334, c8-9 // Z 1:14, p. 119, c13-14 // R14, p. 238, a13-14）

❼　「菩提達摩著的《大乘入道四行》之中，雖也有『不隨於言教』的『理入』頓門，但他也列出了另外四種漸修的修行法門，稱爲『四行』。」釋聖嚴，《學術論考 II》，頁 98，行 13-15。

❼　「《六祖壇經》說：『憎愛不關心，長伸兩腳臥。』當愛與憎都與你無關之時，你就可以伸長兩條腿，好好睡覺了。這並不表示開悟的人無事

師共通的祖師禪修證原則——「頓悟漸修」——澄觀、宗密也在這一修證原則上，再區分出解悟與證悟而開展出多重的頓漸悟修方式。因爲《壇經》「頓修頓悟」並非人人可以修得的，❼❽因此神會的頓悟漸修除了保有做爲一種共通的修證準則之外，也從而得以做爲凡夫（十信位內）可以悟修的頓悟漸修（頓解悟）原則。這樣的頓悟漸修，可說更重視於頓悟（頓解悟）後的漸修，這多少與《壇經》的「頓修頓悟」有互補作用，也提供一般人做爲修證之依憑，故澄觀讚歎神會的「頓悟漸修」爲「圓妙」之開示。

　　隨緣修證，則具漸具頓，如經云，初發心時即得阿耨菩提，然始從十住十行乃至等覺妙覺，不壞行位故，具漸頓也，禪門悟即刹那而登妙覺，一悟之後，念念相應，習氣唯微，本智唯瑩，具漸頓也，故荷澤大師開示頓悟漸修爲圓妙也。❼❾

可做，而是說心中無事可煩。」釋聖嚴，《禪與悟》，頁205，行11-13。

❼❽　「禪的修行也是一樣，雖稱頓悟法門，但是頓修頓悟，不假功行的例子，實在不多。」釋聖嚴，《禪的生活》，頁216，行12-13。

❼❾　《華嚴經行願品疏鈔》卷1。（CBETA, X05, no. 229, p. 230, b19-24 // Z 1:7, p. 407, c1-6 // R7, p. 814, a1-6）

　　神會提出「頓悟漸修」，對祖師禪「頓漸悟修」的
開展有極大的貢獻。法師也評述其禪法，最像六祖的嫡
傳。❽

（五）澄觀的解悟證悟

　　清涼澄觀（738－839）❽是最先將《楞伽經》之四
漸四頓，明確地配以華嚴的菩薩修證位次。❽但頓漸方
面，《楞伽經》的初地以下是唯漸（四漸），初地以上

---

❽　釋聖嚴，《神會禪師的悟境》，頁3，行7。
❽　比如：《華嚴經行願品疏》（CBETA, X05, no. 227, p. 64, b22-p. 65, a4
　　// Z 1:7, p. 252, a16-c10 // R7, p. 503, a16-p. 504, a10）中所述。
❽　《大方廣佛華嚴經隨疏演義鈔》卷21：「楞伽經中有四漸四頓，今唯
　　用一。彼經大慧白佛言：世尊，云何淨除自心現流？為頓為漸？答中先
　　明四漸，後說四頓。漸，經云：佛告大慧，漸淨非頓。一、如菴羅果漸
　　熟非頓，如來漸除眾生自心現流，亦復如是。漸淨非頓（此喻十信）。
　　二、如陶家作器，漸成非頓（十住）。三、如大地漸生非頓（十行）。
　　四、如習藝漸就非頓（十向）。上之四漸，約於修行未證理故；下之四
　　頓，約已證理故。一、明鏡頓現喻，經云：譬如明鏡頓現一切無相色
　　像，如來淨除一切眾生自心現流，亦復如是，頓現無相無所有清淨法界
　　（喻初地至七地）。二、日月頓照喻云：如日月輪頓照，顯示一切色
　　像，如來為離自心現流習氣過患眾生，亦復如是，頓為顯示不思議勝智
　　境界（喻八地已上）。三、藏識頓知喻云：譬如藏識頓分別知自心現流
　　及身安立受用境界，彼諸依持佛亦復如是。頓熟眾生所處境界，以修行
　　者安處於彼色究竟天（此喻報佛）。四、佛光頓照喻云：譬如諸佛所化
　　依佛光明照耀，自覺聖趣亦復如是，被於法相有性無性惡見妄想，照令
　　除滅（亦喻法報前喻頓成此喻頓照）。」（CBETA, T36, no. 1736, p.
　　164, b11-c3）

唯頓（四頓）；澄觀則更進一步，將頓漸加以擴大活用。這主要有三點：

1.《楞伽》只有初地以上才有頓可言，澄觀將其擴大到初地以下的十信、十住、十行、十迴向都可以有頓可言。

2.《楞伽》是「修唯漸」、「悟唯頓」，澄觀將其擴大悟修頓漸可以有多重的配對。

3.《楞伽》的頓悟只說到證悟，澄觀則延伸發明「解悟」也是一種頓悟。

> 又上四漸四頓多依地位，古今同為此釋，亦順經文。今釋通於橫豎，則位位之中皆有頓義。然約橫論，頓復有多義：一頓悟漸修……二者頓修漸悟……三頓修頓悟……四漸修漸悟……今言悟如日照，即解悟證悟皆悉頓也。❸

> 若明悟相，不出二種：一者解悟，謂明了性相。二者證悟，謂心造玄極。❹

---

❸ 《大方廣佛華嚴經隨疏演義鈔》卷 21。（CBETA, T36, no. 1736, p. 164, c6-18）

❹ 《華嚴經行願品疏》卷 2。（CBETA, X05, no. 227, p. 64, b22-23 // Z 1:7, p. 252, a16-17 // R7, p. 503, a16-17）

　　《楞伽》的頓漸之說，代表如來禪的高標準立場，澄觀則將其活用到大乘禪的範疇內，肯定「解悟」也是一種頓悟，為祖師禪 ❽ 的頓漸悟修學理開闢出新的內涵。

（六）宗密的九對頓漸

　　圭峰宗密（780－841）為華嚴五祖，承接澄觀的華嚴學統，❽ 也承續澄觀對頓漸修悟的基本看法，但透過他對禪學的領悟，對頓漸進一步提出了更為系統性的建構。他是華嚴五祖，同時也是禪宗荷澤神會系的傳人，為了糾正當時禪宗對頓漸不分的狀況而主張禪教一致，在〈禪源諸詮集都序〉中，他舉出十重點來和會「禪教」，❽ 而其中第九項則專門和會禪門的「悟修

---

❽　「至菩提達摩（Bodhidharma）來華，便為中國的祖師禪，開了基業。」野村耀昌等著，釋聖嚴譯，《中國佛教史概說》，頁 126，行 13-14。

❽　「澄觀又傳宗密（西元七八○－八四一年）。在學統上說，他們是一脈相承，在思想上卻又有各自的創獲。」釋聖嚴，《比較宗教學》，頁 415，行 1-2。

❽　〈禪源諸詮集都序〉卷 1：「問今習禪詮何關經論。答有十所以。須知經論權實方辨諸禪是非。又須識禪心性相方解經論理事。」（CBETA, T48, no. 2015, p. 400, b1-4）

頓漸」，⑱批判時人頓漸不分，⑲於是提出他對頓漸修
悟之詳細剖析，⑳加上他因《圓覺經》而開悟，引證經
文加以論述。下面爲他在《圓覺經大疏》中對「悟修頓

---

⑱　〈禪源諸詮集都序〉卷 1：「九**悟修頓漸**似反而符者。謂諸經論及諸禪
　　門。或云先因漸修功成。豁然頓悟。或云先須頓悟方可漸修。或云由頓
　　修故漸悟。或云悟修皆漸。或云皆頓。或云法無頓漸頓漸在機……如下
　　對會。即頓漸非唯不相乖。反而乃互相資也。」（CBETA, T48, no.
　　2015, p. 402, a10-19）

⑲　〈禪源諸詮集都序〉卷 2：「比見時輩論者。但有頓漸之言。都不分
　　析。就教有化儀之頓漸。應機之頓漸。就人有教授方便之頓漸。根性
　　悟入之頓漸。發意修行之頓漸。」（CBETA, T48, no. 2015, p. 408, a9-
　　12）此外，我們在第（四）小節，論述了神會提出了「頓悟漸修」，
　　而這一「頓悟漸修」很可能成爲當時修證看法的主流，因此宗密提出不
　　限這一種，而同於澄觀的立場之上，有必要將「頓漸悟修」做多角度的
　　分析與釐清。〈禪源諸詮集都序〉卷 2：「**於中唯云先頓悟後漸修**。似
　　違反也。欲絕疑者。豈不見日光頓出霜露漸消。孩子頓生……是知頓
　　漸之義。甚爲要矣。然此文本意。雖但敘禪詮緣達摩一宗。是佛法通
　　體。諸家所述又各不同。今集爲一藏都成理事具足。至於悟解修證門
　　戶。亦始終周圓。故所敘之頓漸須備盡其意。令血脈連續本末有緒。」
　　（CBETA, T48, no. 2015, p. 408, a12-21）

⑳　當然，提出者「頓漸悟修之法」，希望借以規範各宗。《圓覺經大疏釋
　　義鈔》卷 3：「**束宗就法**：但就**頓漸悟修之法**，和會自然，會得諸宗。
　　諸宗不離此故。然定慧正是所修之道，頓漸是悟修之儀式。」
　　（CBETA, X09, no. 245, p. 535, b9-11 // Z 1:14, p. 280, a10-12 // R14, p.
　　559, a10-12）而免不了把自宗的荷澤宗置於優位的立場。請參考：楊曾
　　文，〈唐代宗密及其禪教會通論〉，《中華佛學學報》，第 12 期，臺
　　北：中華佛學研究所，1999 年，頁 219-235。網址：http://webcache.
　　googleusercontent.com/search?q=cache:ilwYq1nKt48J:www.chibs.edu.tw/
　　ch_html/chbj/12/chbj1216.htm+&cd=2&hl=zh-TW&ct=clnk&gl=tw。

漸」❾所做九個層次的說明。❷

其①頓漸悟修者，頓悟（日出孩生）漸修（霜消
孩長）為解悟。②漸修頓悟（伐木入都）③頓修漸
悟（磨鏡學射）④漸修漸悟（如登九層之臺足履漸
高所鑒漸遠）並為證悟。若云頓悟頓修（斬染線
絲）則通三義，謂⑤先悟（廓然頓了）後修（不著
不證曠然合道）為解悟，⑥先修（服藥）後悟（病
除）為證悟，⑦修（無心忘照）悟（任運寂知）
一時即通解證。若云⑧本具一切佛德為悟（如飲大
海）一念萬行為修（得百川味）亦通解證。若約⑨
楞伽地前（信住行向）四漸（菴羅熟陶器成大地生
習藝就），聖位（初地八地報身法身）四頓（明鏡

---

❾ 宗密的注疏中「頓漸悟修」與「悟修頓漸」兩者並用，但在〈禪源諸詮
集都序〉中，只用：「悟修頓漸」。（CBETA, T48, no. 2015, p. 400,
b8-9；p. 402, a10-11）

❷ 這「九對頓漸」的基本素材，大多來自於澄觀，但宗密明確地將其分為
就對，並與《圓覺經》各章做對比，使宗密的分析更呈現了具象的意
涵。《圓覺經大疏》卷 1：「此圓覺經備前諸說，謂文殊一章是頓解
悟，普眼觀成是頓證悟，三觀本（威德章）末（辨音章）是漸證悟，又
普眼觀通於解證，又三觀一一首標悟淨圓覺，次明行相，後顯成功，初
中為對是頓悟漸修，中後為對是漸修頓悟（又普眼觀示漸修頓悟），三
期道場是漸修漸悟，普賢後段是頓悟頓修（又清淨慧章有忘心頓
證）。」（CBETA, X09, no. 243, p. 334, c16-22 // Z 1:14, p. 119, d3-9 //
R14, p. 238, b3-9）

現物日月照色藏識知境佛光然曜），則修行為漸，
證理名頓。❸

宗密在其《圓覺經大疏釋義鈔》❹中，對上述《圓
覺經大疏》之內容有更進一步的歸納與解釋，並稱之為
「九對頓漸」。❺

疏其頓漸下，第四總釋法門。然悟與修，皆通頓
漸。又悟有解悟證悟，修有隨相離相，謂初因解
悟，依悟修行，行滿功圓，即得證悟，此為真正。

---

❸ 《圓覺經大疏》（CBETA, X09, no. 243, p. 334, c8-16 // Z 1:14, p. 119,
c13-d3 // R14, p. 238, a13-b3）。文中代表頓漸九層次的九個數字符號
①②③④⑤⑥⑦⑧⑨為筆者所加入。

❹ CBETA, X09, no. 245, p. 535, c1-p. 536, b18 // Z 1:14, p. 280, b8-p. 281, b1
// R14, p. 559, b8-p. 561, b1.

❺ 格里高瑞（Peter N. Gregory）在其〈頓悟漸修：宗密對心的分析〉
（Sudden Enlightenment Followed by Gradual Cultivation：Tsung-mi's
Analysis of Mind）一文中指出，神會之頓與漸的悟修組合，有五種用
法。格里高瑞未注意到神會在《圓覺經大疏釋義鈔》中，已經提出了對
頓漸更詳細的分析——「九對頓漸」——頓漸悟修的九種用法（請參考
本文〈附錄〉）；格里高瑞也忽略了神會在其《圓覺經》各疏鈔中，更
具體地敘述了《圓覺經》各章經文與「頓漸」的密切關係。「宗密繼續
指出，在佛教修行語境中『頓』與 『漸』這兩個詞的用法非常廣泛。
他接著闡明了這兩個詞與修行有關的五種用法。」見《頓與漸：中國思
想中通往覺悟的不同法門》（Sudden and Gradual: Approaches to
Enlightenment in Chinese Thought），頁 232。

若各隨根性，及諸善友，方便施設，先後無定。今
文九對：一五解悟，二三四六九證悟，七八通二
悟⋯⋯疏若約楞伽下，第九對之證悟也。（本段所
引全文請參考本文文末附錄）

我們整理出宗密對「九對頓漸」之分類及其與頓漸
悟修之關係如下表：

表六：九對頓漸之頓漸悟修分類

九對頓漸	頓漸悟修之分類	解悟或證悟
第一對	頓悟漸修	解悟
第二對	漸修頓悟	證悟
第三對	頓修漸悟	證悟
第四對	漸修漸悟	證悟
第五對	頓悟頓修（先悟後修）	解悟
第六對	頓悟頓修（先修後悟，按：即是頓修頓悟）	證悟
第七對	頓悟頓修（修悟一時）	通解證
第八對	本具一切佛德爲悟，一念萬行爲修	通解證
第九對	楞伽之地前四漸爲修，地上四頓爲證（漸修頓悟）	證悟

爲了更清楚地呈現宗密對頓漸修悟之敘述，我們將
每一對「頓漸悟修」內容之修證前後關係分述於後：

第一對：①頓悟漸修，屬解悟。此對又分爲兩種

①－1 及①－2。

　①－1：十信位滿，進入初住位時便頓悟成正覺，之後的三賢十聖則是漸修，這是頓悟漸修的原始意涵。此頓悟是指十信位滿，進入初住（發心住），能夠頓同佛解，之後的漸修是歷經三賢十聖甚至妙覺（佛位）。宗密指出這也是《圓覺經‧文殊章》的旨趣所在。❾❻宗密的此一頓悟漸修的原則是承繼澄觀的看法。❾❼這也是《華嚴經》的立場。❾❽而「頓悟漸修」的最初提出者則是神會。

　①－2：第二種的頓悟漸修的「頓悟」，是進入初信位以上，但未滿十信，故需要再「漸修」以滿十信，而進到初住位以上。這與前述第一種①－1的只有一個

---

❾❻　《圓覺經略疏鈔》卷 6：「二者頓悟漸修也。夫欲運心修行，先須言解真正以為其本，解若不正，所修一切皆邪，縱使精勤徒為勞苦，權宗多云先且漸修功成後自頓悟，若華嚴此經教相儀式，先須**頓同佛解，方能修證，故彼經十信位滿便成正覺，然說三賢十聖歷位修行**（通妨云云）。故此**文殊段中，頓彰信解之境**，後普賢等十菩薩，節級顯示總別觀行。」（CBETA, X09, no. 248, p. 876, b15-22 // Z 1:15, p. 145, a3-10 // R15, p. 289, a3-10）

❾❼　《華嚴經行願品疏鈔》卷 4：「初發心時便成正覺，直造最勝。然却從十住乃至十地等覺，即從劣漸勝也，意顯頓悟漸修之相。」（CBETA, X05, no. 229, p. 284, b4-6 // Z 1:7, p. 461, b1-3 // R7, p. 921, b1-3）

❾❽　《大方廣佛華嚴經》卷 8，〈梵行品 12〉：「初發心時，便成正覺，知一切法真實之性，具足慧身，不由他悟。」（CBETA, T09, no. 278, p. 449, c14-15）

「頓悟漸修」便完成修行成佛的歷程是不同的，這種①－2的「頓悟漸修」之後，需要再有②－1的「漸修頓悟」才達到證悟，頓悟在前是解悟，頓悟於後才是證悟。宗密指出這種兩重的修證方式，可見於《圓覺經》的〈威德章〉、〈辨音章〉及〈普眼章〉。**❾**

修證（之先後）關係：頓悟（解悟）漸修。

①－1的頓解悟是滿十信；①－2則未滿十信。

第二對：②漸修頓悟，屬證悟。此對又分為兩種②－1及②－2。

②－1：是解悟（後）之漸修。修極故證**⓿**。這是配合前述①－2「頓悟漸修」之後的「漸修頓悟」。

修證關係：頓悟（解悟）漸修→漸修頓悟（證悟）。

②－2：從初便漸。如諸聲聞因四十年漸修，聞大乘法而授記成佛，這是以《法華經》的立場而說。**⓫**屬

---

❾ 《圓覺經大疏》卷1：「普眼觀成是頓證悟，三觀本（威德章）末（辨音章）是漸證悟，又普眼觀通於解證，又三觀一一首標悟淨圓覺，次明行相，後顯成功，初中為對是**頓悟漸修**，中後為對是**漸修頓悟**（又普眼觀示**漸修頓悟**）。」（CBETA, X09, no. 243, p. 334, c17-21 // Z 1:14, p. 119, d4-8 // R14, p. 238, b4-8）

⓿ 《圓覺經大疏釋義鈔》卷3：「初言漸修頓悟者，此有二意，一者即前解悟之漸修，修極故證。」（CBETA, X09, no. 245, p. 535, c10-12 // Z 1:14, p. 280, b17-c1 // R14, p. 559, b17-p. 560, a1）

⓫ 《圓覺經大疏釋義鈔》卷3：「二則從初便漸，如諸聲聞因四十年漸，

於這一類的，還有天台及北宗 ⑩。宗密批判天台之教義雖最圓妙，但實修的理路上還是離不開四禪八定，⑩這一類在漸修之前並沒有「頓解悟」，要經過長時間的修行才能夠達到證悟。

修證關係：（無頓解悟）→漸修頓悟（證悟）。

以上第二對「漸修頓悟」有兩種（②－1與②－2）之用語，字面上同於第九對的《楞伽經》的「漸修頓悟」，但意義大不相同。

第三對：③頓修漸悟，屬證悟。此類根器 ⑩，也是沒有頓解悟，遇緣能「頓發大心，頓絕諸緣，頓伏煩惱」而漸漸悟入，故稱頓修漸悟。

修證關係：（無頓解悟）信證圓法，根性遲鈍→頓

前修三乘教行故。靈山會中，聞法華經，疑網頓斷，心安如海，授記成佛。」（CBETA, X09, no. 245, p. 535, c12-14 // Z 1:14, p. 280, c1-3 // R14, p. 560, a1-3）

⑩ 《圓覺經大疏釋義鈔》卷3：「北宗漸門之教，意見如此，然多入二乘之境，難得圓通證。」（CBETA, X09, no. 245, p. 535, c18-19 // Z 1:14, p. 280, c7-8 // R14, p. 560, a7-8）

⑩ 〈禪源諸詮集都序〉卷1：「達摩未到，古來諸家所解，皆是前**四禪八定**，諸高僧修之皆得功用。**南岳天台，令依三諦之理修三止三觀，教義雖最圓妙，然其趣入門戶次第，亦只是前之諸禪行相。**唯達摩所傳者，頓同佛體，迥異諸門。」（CBETA, T48, no. 2015, p. 399, b22-27）

⑩ 《圓覺經略疏鈔》卷4：「疏頓修漸悟者，雖聞圓教信證圓法，**根性遲鈍**，不得頓悟，雖不頓悟，而樂欲情殷，深崇頓理，**頓發大心，頓絕諸緣，頓伏煩惱**，由此加行，漸漸得悟，悟即是證。」（CBETA, X09, no. 248, p. 863, c9-12 // Z 1:15, p. 132, b1-4 // R15, p. 263, b1-4）

修漸悟（來世以後之證悟）。

　　第四對：④漸修漸悟，屬證悟，此類修悟皆漸。宗密舉出這類根性者，雖相信本性圓滿，仍有業惑障覆，❶要像《圓覺經》的〈圓覺菩薩章〉中所說的，需要立道場❶共修，從基礎的懺悔、觀想等方法修起。這是下根人❶，但仍需具有大乘根性❶，能夠漸修而漸悟。

　　修證關係：（無頓解悟）信本性圓滿，有業惑障覆→漸修漸悟（來世以後之證悟）。

　　在此，我們進一步對漸悟（證悟）做討論與歸納。漸悟者的共通點為沒有頓解悟，這又可分為兩大類：其一是二乘人迴心入大乘，稱為漸悟菩薩，❶這是法相宗

---

❶　《圓覺經大疏釋義鈔》卷3：「疏：漸悟者，謂**信本性圓滿**，而猶計有業惑障覆，故勤拂鏡塵，漸悟心性。」（CBETA, X09, no. 245, p. 536, a2-4 // Z 1:14, p. 280, c15-17 // R14, p. 560, a15-17）

❶　《圓覺經大疏》卷1：「三期道場是漸修漸悟。」（CBETA, X09, no. 243, p. 334, c21 // Z 1:14, p. 119, d8 // R14, p. 238, b8）

❶　《圓覺經大疏》卷1：「三期道場被下根也（二皆漸也）。」（CBETA, X09, no. 243, p. 325, c8-9 // Z 1:14, p. 110, c15-16 // R14, p. 220, a15-16）

❶　《大方廣圓覺修多羅了義經》卷1：「有諸眾生具大乘性，信佛祕密大圓覺心，欲修行者，若在伽藍安處徒眾，有緣事故隨分思察，如我已說；若復無有他事因緣，即建道場當立期限。」（CBETA, T17, no. 842, p. 921, a11-14）

❶　「《大般涅槃經》等講到：若約直往頓機，大不由小，所設唯是菩薩乘教，故名為頓；迴小向大，是為漸悟。」釋聖嚴，《禪鑰》，頁118，行 2-3。

及《涅槃經》的講法。其二是鈍根大乘，這又分第三對及第四對兩種：第三對遇緣能夠頓修，第四對則需要漸漸地事修。此外，無論頓解悟或頓證悟都是就今生而論而言，⑩那漸悟的另一意涵，就是要來生以後才可能頓悟（證悟）了。

第五對：頓悟頓修又分為：「先悟後修」、「先修後悟」與「修悟一時」等三種。⑪

⑤頓悟頓修（先悟後修），屬解悟。宗密舉出《圓覺經》〈普賢章〉的後半段及〈清淨慧章〉來說明，⑫事實上，〈普賢章〉有頓悟頓修與頓修頓悟兩個層次。知幻即離是頓悟頓修；離幻即覺是頓修頓悟。⑬前者是解悟，後者證悟即如下第六對。

---

⑩ 〈禪源諸詮集都序〉卷 2：「若因悟而修，即是解悟。若因修而悟，即是證悟。然上皆只約今生論，若遠推宿世則唯漸無頓。今頓見者，已是多生漸熏而發現也。」（CBETA, T48, no. 2015, p. 408, a2-5）

⑪ 事實上，澄觀已經將「頓悟頓修」進一步分為三種。《華嚴經行願品疏》卷 2：「若云頓悟頓修。此通三義。若先悟後修……若云先修後悟。……若云修悟一時……亦通解證。若云無漸無頓。名之為頓。無悟不悟。名之為悟。此亦拂迹約理名頓。約定門修。亦通解證。」（CBETA, X05, no. 227, p. 64, c5-17 // Z 1:7, p. 252, b5-17 // R7, p. 503, b5-17）而且澄觀還提出一種「無漸無頓，無悟不悟」，宗密並沒有討論到，但從這一種也是「亦通解證」看，也可歸納到「頓悟頓修」。

⑫ 《圓覺經大疏》卷 1：「普賢後段是頓悟頓修（又清淨慧章有忘心頓證）。」（CBETA, X09, no. 243, p. 334, c21-22 // Z 1:14, p. 119, d8-9 // R14, p. 238, b8-9）

⑬ 《圓覺經大疏釋義鈔》卷 3：「普賢後段者，文云：知幻（解悟）即離

修證關係：頓悟（解悟）頓修。

第六對：⑥頓悟頓修（先修後悟，按：即是頓修頓悟），屬證悟。其所證比第三對的③頓修漸悟爲殊勝，而頓修頓悟是一味的「證解亦無二相」，⑪不必區分是證悟或是解悟。

修證關係：頓修→頓悟（證悟）。

第七對：頓悟頓修（修悟一時），通解證。此對又可分爲三種，即：⑦－1、⑦－2與⑦－3。

⑦－1：即證即解，即解即證。⑮此修悟一時，就修證的結果而言，即等同於第六對的頓修頓悟。又這樣的修證方式，幾乎是等於《壇經》所講的定慧不二。我們

（修也），不作方便。（頓也）離幻（修也）即覺（證悟），亦無漸次（頓也）。」（CBETA, X09, no. 245, p. 537, a11-13 // Z 1:14, p. 281, d6-8 // R14, p. 562, b6-8）

⑪ 《圓覺經略疏鈔》卷4：「疏：先修後悟等者，次對也。謂由頓絕諸緣等（云云如上所引）。故得心地豁開，以根欲勝故，不同前頓修漸悟也……以悟在後，故當於證，然此證解亦無二相。」（CBETA, X09, no. 248, p. 864, a7-11 // Z 1:15, p. 132, c5-9 // R15, p. 264, a5-9）

⑮ 《圓覺經略疏鈔》卷4：「疏：修悟一時，通解證者，後對也。」（CBETA, X09, no. 248, p. 864, a11-12 // Z 1:15, p. 132, c9-10 // R15, p. 264, a9-10）《圓覺經略疏鈔》卷4：「疏：即通解證者，此有二意，一者如上釋云，證解亦無二相，故二皆通，謂即證即解，即解即證。」（CBETA, X09, no. 248, p. 864, a18-20 // Z 1:15, p. 132, c16-18 // R15, p. 264, a16-18）又，《圓覺經大疏釋義鈔》卷3：「一者，如上釋云：證解亦無二相，故二皆通。謂即證即解，即解即證。」（CBETA, X09, no. 245, p. 536, b6-7 // Z 1:14, p. 281, a7-8 // R14, p. 561, a7-8）

將宗密的釋義與兩個《壇經》版本內容對比於後：

表七：修悟一時與《壇經》之比較表

修悟一時		出處
頓修	頓悟	
無相爲**修** 修即定也體也	分明爲**悟** 悟即慧也用也	《圓覺經大疏釋義鈔》❶⑯
即定是惠體	即惠是定用	「敦煌本」❶⑰
定是慧體	慧是定用	「宗寶本」❶⑱

由上可見，第七對的修悟一時與《壇經》的頓悟法門關係相當密切。

修證關係：頓悟頓修（修悟一時，即證即解，即解即證）。

⑦－2：頓了頓息等。即爲解悟。❶⑲按：即通於第五對⑤頓悟頓修之解悟。

---

❶⑯ 《圓覺經大疏釋義鈔》卷 3：「疏：修悟一時者，後對也。謂以無相爲修，分明爲悟，悟即慧也用也，修即定也體也。」（CBETA, X09, no. 245, p. 536, a22-23 // Z 1:14, p. 280, d17-18 // R14, p. 560, b17-18）

❶⑰ 「敦煌本」卷 1：「即定是惠體，即惠是定用。」（CBETA, T48, no. 2007, p. 338, b8-9）

❶⑱ 「宗寶本」卷 1：「定是慧體，慧是定用。」（CBETA, T48, no. 2008, p. 352, c14-15）

❶⑲ 《圓覺經大疏釋義鈔》卷 3：「二者，或是證，或是解。謂頓了頓息等，即爲解悟。」（CBETA, X09, no. 245, p. 536, b7-8 // Z 1:14, p. 281, a8-9 // R14, p. 561, a8-9）

⑦－3：頓盡頓覺。即爲證悟。⓬按：即通於第六對
⑥頓修頓悟之證悟。

第八對：本具一切佛德爲悟，一念萬行爲修。通解
證。⓫此亦可分爲二種意義與三種類型，⓬故通於第七對
（⑦－1、⑦－2、⑦－3）。這是以《起信論》、《華
嚴經》的立場來加以詮釋。

第九對：是指《楞伽經》所說的「四漸四頓」，這
並沒有頓漸悟修之配對⓬，簡單地說，初地之前有四種
漸修，初地以上有四種頓證。證悟是對證入初地以上而
言。《楞伽經》的「四漸四頓」也可以說是另一種形式
的「漸修頓悟」，⓬但意義完全不同於第二對中的兩種

⓬　《圓覺經大疏釋義鈔》卷 3：「頓盡頓覺，即爲證悟。如大夢覺，覺即
頓覺，夢必頓盡故。」（CBETA, X09, no. 245, p. 536, b8-9 // Z 1:14, p.
281, a9-10 // R14, p. 561, a9-10）

⓫　《圓覺經大疏》卷 1：「若云本具一切佛德爲悟（如飲大海），一念萬
行爲修（得百川味），亦通解證。」（CBETA, X09, no. 243, p. 334,
c13-14 // Z 1:14, p. 119, c18-d1 // R14, p. 238, a18-b1）

⓬　《圓覺經大疏釋義鈔》卷 3：「疏：若本具下，第八一對也。結云：通
解證也，亦含二意，如次上說。初義可知，後義應釋。約「解」釋者，
但取無漏本覺爲悟。……約「證」釋者，即始覺合本之時，無別始覺之
異故。」（CBETA, X09, no. 245, p. 536, b9-14 // Z 1:14, p. 281, a10-15 //
R14, p. 561, a10-15）

⓬　《圓覺經大疏釋義鈔》卷 3：「疏：若約楞伽下，第九對之證悟也。此
雖漸頓各四，而非四對，謂以地前四漸，對地上四頓故。」（CBETA,
X09, no. 245, p. 536, b18-19 // Z 1:14, p. 281, b1-2 // R14, p. 561, b1-2）

⓬　《圓覺經大疏》卷 1：「若約楞伽地前（信住行向），四漸……聖

（②-1 及②-2）的漸修頓悟。

對於上述九對頓漸悟修加以歸類分析，第八對基本上與第七對相同，而第九對雖然也稱作漸修頓悟，卻是《楞伽經》最高標準的如來禪，除掉這兩對，針對前七對，我們可以進一步得出三大類：

第一大類：是先悟後修，也就是頓悟後起修，這一類共有第一對①－1 及①－2 的頓悟漸修、第五對頓悟頓修（先悟後修）及第七對⑦－2 的頓悟頓修（修悟一時，頓了頓息）。這四種的頓悟都是「解悟」。嚴格來說，第一對①－1 可說是祖師禪的根本修證原則，其他的修證方式都是從這一根本原則開展出來。

第二大類：是起修後之悟，不管這「悟」是頓悟或漸悟，都是「證悟」。這一類共有五種，也即是：第二對、第三對、第四對、第六對以及第七對的⑦－3。事實上這一類在起修之前也都已經有所「頓悟」（解悟）。於是我們可將第二大類又分為兩小類：

第一小類：是第二對的②－1、第六對及第七對的⑦－3。這三對的證悟都是「頓悟」，而在起修之前，都有先頓悟（解悟）的過程，也就是悟後起修，起修之

位（初地八地報身法身），四頓……則修行為漸，證理名頓。」
（CBETA, X09, no. 243, p. 334, c14-16 // Z 1:14, p. 119, d1-3 // R14, p. 238, b1-3）

後，進一步再達到證悟。

第二小類：是第三對及第四對。這兩對的證悟都是「漸悟」，而第三對的修是「頓修」；第四對的修是「漸修」。在第一小類中，於起修之前，都有先頓悟（解悟）的過程，而在第二小類的兩對中沒有此頓解悟。第三對如前述，是屬信證圓法根性遲鈍之類，雖能頓修，也只能漸悟。第四對是信本性圓滿，是小根人，修只能漸修，悟也只能漸悟。由於今生沒有頓解悟，要進一步實證頓證悟的話，當然更要到來生以後才能夠達成。而迴小向大的「漸悟菩薩」仍需要多生多劫的修行，才能達成大乘的證悟，這也合乎漸悟一詞的語義。

第三大類：第七對的⑦－1，也即是頓悟頓修（修悟一時），即證即解，即解即證。這應該可以用來描述《壇經》的頓悟法門，前述的修悟一時與《壇經》⓭比較表中，已經明列其共同表達「定慧不二」的相關性。我們再次比較這一類與《壇經》的關鍵用語如下：

自性頓修，無有漸次。（敦煌本）⓮

⓭ 雖然宗密的引文是出自神會的《南宗定是非論》及澄觀的《答順宗心要法門》，尚未明確指出這是《壇經》的頓悟法門。

⓮ 「敦煌本」卷1：「自性頓修，無有漸次。」（CBETA, T48, no. 2007, p. 342, c2）

自性自悟，頓悟頓修，亦無漸次。（宗寶本）❿

　　用「修悟一時」來形容《壇經》的頓悟法門是最恰當不過了，但回到文字語言的陳述上，還是避免不了要有先後，筆者以為：宗寶本「頓悟」一詞應該放到「頓修」之後，也就成為「頓修頓悟」，才表現《壇經》頓悟法門的特色。因為《壇經》不單是為悟人（上根人）而說，更是要化迷（下根人）為悟的。悟人是頓修頓悟，迷人是漸修頓悟。《壇經》的特色不只是頓悟，而在提出了上根（利根）者可以頓修的方式達成頓悟。

（七）中華禪開悟的三種類型

　　有關禪宗「修證」之頓漸悟修問題，法師提出有四種：❿

　　禪的修證有四層次：（1）頓修頓悟，（2）漸修頓悟，（3）漸修漸悟，（4）久修不悟。

　　其中，（1）頓修頓悟者，在佛世時，有慧解脫阿

---

❿　「宗寶本」卷1：「自性自悟，頓悟頓修，亦無漸次。」（CBETA, T48, no. 2008, p. 358, c27-28）

❿　釋聖嚴，《春夏秋冬》，頁266，行1-2。

羅漢；在漢傳禪佛教，如惠能大師之少數利根行人 **⑫**，
（2）漸修頓悟是需要經過漸修的過程才能頓悟，（1）
頓修頓悟是《壇經》的特色，而（2）漸修頓悟是《壇
經》爲化迷爲悟說的。法師舉出《壇經》**⑬**的經證說
明，「悟」的時候一定是頓的，但是在迷的時候需要漸
修。以話頭禪而言，法師並提出四階段的話頭禪方法，
做爲漸修之教學事例：**⑭**

> 漸修頓悟是正常的，因為漸修，所以參話頭也有
> 次第，也有層次。參話頭有四個層次：第一個層次
> 是「念話頭」，第二個層次是「問話頭」，第三個
> 層次是「參話頭」，第四個層次是「看話頭」。

（3）漸修漸悟 **⑫** 則指先經守心於一境之後，才能

---

⑫ 「雖然禪宗說頓悟，但是修行時是漸修而頓悟的，雖有頓修頓悟的人，
卻非常少見。所謂頓修頓悟，是指不需要經過長時間修行，只要聽到一
句話，或接觸某種狀況之後，所有煩惱立即脫落，這就是頓悟。在釋迦
牟尼佛時期，稱頓悟者爲『慧解脫阿羅漢』。」釋聖嚴，《聖嚴法師教
話頭禪》，頁 50，行 6-10。

⑬ 「宗寶本」卷 1：「師示眾云：善知識！本來正教，無有頓漸，人性自
有利鈍。迷人漸修，悟人頓契。」（CBETA, T48, no. 2008, p. 353, a7-
9）

⑭ 釋聖嚴，《聖嚴法師教話頭禪》，頁 51，行 4-6。

⑫ 「禪宗史上所謂北宗禪的漸修漸悟法門，還不是後世中國禪宗的風
格。」釋聖嚴，《神會禪師的悟境》，頁 3，行 7-8。

漸悟者，這可以神秀一系的北宗禪做爲代表❸。在第
（六）小節中，宗密雖似有較同情北宗的立場，將其放
在漸修頓悟的位置，但也提出其「多入二乘之境」，即
使二乘迴心也只能稱漸悟而不是頓悟，宗密甚至批判北
宗但是漸修，沒有頓悟，也沒有眞修。❹

　　以上四種是從「修」的角度來說。若從「證」的立
場而言，中華禪的立場則爲頓悟漸修與頓修頓悟：

　　　至於真正中華禪宗的特色，是頓悟漸修與頓修頓悟
　　　的不二法門，乃在六祖惠能的《六祖壇經》……。❺

　　頓修頓悟是《壇經》的主要特色，這相當於第
（六）小節中所說的「修悟一時」，又因爲《壇經》的
頓悟，沒有解悟與證悟之別，也可以說《壇經》的頓

---

❸ 「神秀和惠能的差別，在於所用法門的不同。惠能提倡頓悟法門：『不
立文字，當下即是』；神秀提倡**漸悟**法門，從觀心開始，觀到自己的心
只有一個念頭，就成爲守心於一境。」釋聖嚴，《我願無窮──美好的
晚年開示集》，頁233，行9-11。「禪宗史上所謂北宗禪的**漸修漸悟**法
門，還不是後世中國禪宗的風格。」釋聖嚴，《神會禪師的悟境》，頁
3，行7-8。
❹ 《中華傳心地禪門師資承襲圖》卷1：「北宗但是漸修，全無頓悟，無
頓悟故，修亦非眞。」（CBETA, X63, no. 1225, p. 35, c11 // Z 2:15, p.
438, b5 // R110, p. 875, b5）
❺ 釋聖嚴，《神會禪師的悟境》，頁3，行9-10。

修頓悟是「即證即解，即解即證」。其次，最先提出
「頓悟漸修」的是神會，法師也特別肯定神會禪法最像
六祖，❶但事實上《壇經》中並未明確地提出頓悟漸修
的修證方式，❶那為何說是「不二」呢？神會主張「頓
悟漸修」是從達摩到六祖一脈相承的，也可以說頓悟
是源自達摩二入四行中的「理入」，❶漸修則來自「四
行」，❶但單從字面上的「頓悟漸修」還不容易看出它
與《壇經》的關係，因此需要對神會的主張做進一步
的闡釋，而這是由澄觀及宗密來加以完成。我們在第
（六）小節的第一對①－1說到：菩薩滿十信進入初住

---

❶ 「從敦煌殘卷中發現的神會遺作，例如：《南宗定是非論》、《神會和
尚語錄》、《南陽和尚頓教解脫禪門直了性壇語》、《頓悟無生般若
頌》，得知神會禪師的禪宗思想及其禪風，最像六祖的嫡傳。」釋聖
嚴，《神會禪師的悟境》，頁5，行5-7。

❶ 難怪馬克瑞（John R. McRae）在〈神會與初期禪學中的頓悟說〉
（Shen-hui and the Teaching of Sudden Enlightenment in Early Ch'an
Buddhism）一文中會提出：「由對悟後的漸修階段的要求（或應許），
神會甚至減緩了他自己的頓教的影響。」之看法，見《頓與漸：中國思
想 中 通 往 覺 悟 的 不 同 法 門 》（ Sudden and Gradual: Approaches to
Enlightenment in Chinese Thought），頁226。

❶ 筆者分析，達摩的理入以解悟、證悟來說，仍可分開為兩個層次：頓悟
漸修與漸修頓悟。

❶ 「從菩提達摩到六祖惠能的時代，並不一定全是頓悟法門。例如達摩的
〈二入四行〉主張理入和行入……**所謂理入，也就是以直觀的方法契入
理體，頓悟佛性。所謂行入，有四種觀行，即報冤行、隨緣行、無所
求行、稱法行，這是有次第的漸修法門。**」釋聖嚴，《禪與悟》，頁
29，行10-13。

位是《華嚴經》所說的：「初發心時，便成正覺，……
不由他悟。」然後進入「三賢十聖歷位修行」，前者是
頓悟，後者爲漸修。筆者要指出這一「頓悟漸修」是祖
師禪「頓漸修悟」之各型類的根本原則，宗密則例舉
《圓覺經》的〈文殊章〉來加以說明。頓修頓悟與頓悟
漸修之關係，我們列舉下表加以說明。

表八：頓漸悟修之三模式（四類）比較表

模式	初信～十信（外凡）	三賢（十住、十行、十迴向）	聖位（十地、等覺、妙覺）	出處
一	① -1：（滿十信）	頓悟（初住）→漸修		《華嚴經》、〈文殊章〉❹
二	⑦ -1：頓修 ❹→	頓悟（初住以上）		《壇經》
三	① -2：頓悟、漸修→ ② -1：漸修→	頓悟（初住以上）		〈普眼章〉、〈威德章〉、〈辨音章〉

　　爲便利對照理解上述「頓漸悟修之三模式（四類）
比較表」之內容，我們對四類的標號仍然沿用第（六）

❹　即《圓覺經》的〈文殊菩薩章〉，同表下之各章同出此經。宗密有意將
　　《華嚴經》的教與《圓覺經》的行做修證上的同位配比。〈禪源諸詮集
　　都序〉卷 2：「逐機頓者，遇凡夫上根利智，直示眞法。聞即頓悟全同
　　佛果，如華嚴中初發心時，即得阿耨菩提。圓覺經中觀行成時，即成佛
　　道。」（CBETA, T48, no. 2015, p. 407, b22-25）
❹　從頓修爲《壇經》中的悟人所修，若迷人則爲漸修，而證悟時同樣是頓
　　悟。

小節所用的圓圈數字之標號而分為：模式一的①－1
（頓悟漸修）、模式二的⑦－1（頓修頓悟）與模式三
的①－2（頓悟漸修）及②－1（漸修頓悟）。

　　模式一的①－1（頓悟漸修）：前面已經討論過，
這是祖師禪頓漸修悟的根本原則，出自《華嚴經・梵行
品》，即滿十信而進到初住是頓悟，頓即是頓同佛解，
從此之後一直到成佛為止都是漸修。宗密則例舉《圓
覺經・文殊章》來說明。這頓悟漸修的最初提出者是
神會。

　　模式二的⑦－1（頓修頓悟）：這是《壇經》中
「悟人」的修證方式，這種「修悟一時，即解即證，即
證即解」的頓悟是不分解悟與證悟。可以說①－1的頓
悟漸修是修證原則，而《壇經》之悟人（上根者）是
以這一種頓修——直接、沒有漸次 ⑭的方式來實證此頓
悟，因此說《壇經》的「頓修頓悟」與神會所說六代大
師一脈相承的「頓悟漸修」是不二的。

　　模式三的①－2（頓悟漸修）：這有別於模式一的
①－1（頓悟漸修），①－1的頓悟是到達初住或初住
位以上，而①－2的頓悟是初信到十信位未滿，這也

---

⑭　「敦煌本」：「自性頓修，**無有漸次。**」（CBETA, T48, no. 2007, p.
　　342, c2）。「宗寶本」卷1：「頓悟頓修，**亦無漸次。**」（CBETA,
　　T48, no. 2008, p. 358, c28）

是一種頓悟（頓解悟），宗密例舉《圓覺經》的〈普眼章〉及〈威德章〉、〈辨音章〉來加以說明，故解悟 ⑱之後，仍須以戒定等的漸修來圓滿十信而達成初住或初住以上的頓悟（證悟）。

模式三的②－1（漸修頓悟）：這是先有模式三的①－2頓悟（解悟）漸修，漸修之後而能夠進一步達到初住或初住以上的頓悟（證悟），因此是漸修頓悟。模式三的①－2與②－1中的「頓悟」分別爲解悟與證悟，這樣的說法是從澄觀及其後的宗密開始，對其後的禪宗影響深遠。但神會所主張的的「頓悟漸修」還並未有解悟與頓悟之區別。

關於頓修頓悟，既然《楞伽經》主張「修」唯漸修，「悟」才有頓悟，那爲何《壇經》⑭卻說有「頓修」呢？一下我們來看法師如下的重要說明：

---

⑱ 《大方廣圓覺修多羅了義經》〈威德章〉卷1：「善男子！若諸菩薩悟淨圓覺，以淨覺心，取靜爲行。」（CBETA, T17, no. 842, p. 917, c14-15）《大方廣圓覺修多羅了義經略疏》卷2：「若諸菩薩悟淨圓覺謂：發心修行欲趣佛果。先須了悟身中淨圓覺性以爲行本。本即解也。依解而修方爲妙行。」（CBETA, T39, no. 1795, p. 557, c21-23）

⑭ 「宗寶本」卷1：「師示眾云：「善知識！本來正教，無有頓漸，人性自有利鈍。迷人漸修，悟人頓契。」（CBETA, T48, no. 2008, p. 353, a7-9）。
「敦煌本」卷1：「善知識！法無頓漸，人有利鈍。迷即漸勸，悟人頓修。」（CBETA, T48, no. 2007, p. 338, b29-c1）

大乘禪（如來禪）必須八地 ❹以上達無功用行的菩薩，直到十地圓滿佛果，才能夠證得。如首楞嚴大定的妙用，和華嚴海印三昧大定，不是一般凡夫可得，唯有如來能證，證了如來禪，便得大解脫、大自在，這是如來禪的特色。

最上乘禪（祖師禪）適宜一般凡夫、賢人、聖人修持，因為修祖師禪雖曾一度煥發出智慧的光輝，不像證如來禪，徹底破除無明煩惱，所以一般凡夫、賢、聖都可以修持而得妙用，這是中國祖師禪盛行的因素之一，也是祖師禪的特色。

出世間禪偏重於定，世出世間禪中的如來禪是定慧均等，而祖師禪則著重於智慧的開發。❹

祖師禪不但賢人、聖人可修得，連凡夫也可修得，但如來禪之修證設定了非常高的標準，以澄觀對《楞伽經》的看法，地前只有漸修，沒有頓悟可言。祖師禪的

---

❹ 八地以上相當於《楞伽經》四漸四頓中四頓的第二頓，如初頓則指初地到七地，澄觀原則上仍指八地以上。請參考《大方廣佛華嚴經隨疏演義鈔》卷 21：「疏：悟如日照等者，楞伽經中有四漸四頓。今唯用一……下之四頓，約已證理故。一明鏡頓現喻……（喻初地至七地）。二日月頓照喻云。如日月輪頓照。……（喻八地已上）……今疏唯取頓中一日光頓照喻。」（CBETA, T36, no. 1736, p. 164, b10-c4）

❹ 釋聖嚴，《學術論考》，頁 60，行 2-9。

始祖達摩，其「二入四行」中蘊涵了理入的「頓悟」與行入的「漸修」，神會提出了「頓悟漸修」的修證原則，而《壇經》則開發頓修頓悟的實踐方式。[147]凡夫修祖師禪也有機會頓悟佛性，這是如來禪未說到的。事實上《阿含經》以未到地定而得全分慧解脫阿羅漢的事例，[148]法師說明這是祖師禪的先驅。[149]宗密以《華嚴經》「初發心時即成正覺」對頓悟漸修做解釋，說明先歷經十信位的修行而頓悟（解悟），爾後可真正修行十住、十行、十迴向，乃至證入十地的聖位。依宗密，十信位滿，達初住位時，就可說已經「頓悟」，而且可以

---

[147] 「敦煌本」卷1：「當起般若觀照，剎那間妄念俱滅，即是自真正善知識，一悟即至佛地。」（CBETA, T48, no. 2007, p. 340, c15-16）「宗寶本」卷1：「若起正真般若觀照，一剎那間，妄念俱滅。若識自性，一悟即至佛地。」（CBETA, T48, no. 2008, p. 351, a24-25）

[148] 請參考筆者〈聖嚴法師之漢傳佛教復興運動——以漢傳禪佛教為中心〉一文之「四、漢傳禪佛教之修行理論根據（一）漢傳禪法與慧解脫」段落，《聖嚴研究》第二輯，頁320-327。

[149] 「祖師禪的先驅1.是以所跟隨的師父為修行的（皈）依（住）止之處，不依佛說的經律為最高的權威。此如小乘部派佛教中的雞胤部（Gokulika）主張不必依佛說的經（sūtra）和律（vinaya）為主，應依祖師所作的論（discourse）為修行的依準。2.不依見聞覺知而修禪定，例如《雜阿含經》卷三三，便有如此的記載：『禪者不依地修禪，不依水、火、風、空、識、無所有、非想非非想而修禪，不依此世（界），不依他世（界），非日、月，非見、聞、（感）覺、識（別），非得、非求、非隨覺（受）、非隨觀（察）而修禪。』這與傳統的印度禪的觀點，頗不相同，倒與中國的祖師禪的風格很相類似。」釋聖嚴，《禪的體驗·禪的開示》，頁52，行7-15。

進一步「漸修」——真修。有真修必有實證，於是用「頓悟漸修」一詞便可以涵蓋整個修證成佛歷程，這使頓悟漸修有了更明確的意涵。

> 先須頓悟方可漸修者。此約解悟也……故華嚴說：初發心時即成正覺。然後三賢十聖次第修證。若未悟而修非真修也。⑩

> 初住成佛，為華嚴說十信位滿於諸法中不生二解，一切佛法疾得現前，初發心時即得阿耨多羅三藐三菩提，知一切法即心自性，成就慧身，不由佗悟。⑪

法師同樣引用《華嚴經》的內容，說明其意義即是見佛性、見空性，確信自己必將完成佛果，也就是先悟而後起真修。

> 《華嚴經》的〈梵行品〉有句話說：「初發心時便成正覺。」也就是說剛剛發起無上菩提心的人，

---

⑩ 〈禪源諸詮集都序〉卷2。（CBETA, T48, no. 2015, p. 407, c18-22）
⑪ 《圓覺經大疏》卷2。（CBETA, X09, no. 243, p. 369, b10-13 // Z 1:14, p. 154, b1-4 // R14, p. 307, b1-4）

就已經是成佛了。沒有錯，成的是因中的佛，不是
果上的佛……修行時，如果開了真的智慧，能把自
我中心的執著放下，就會體驗到無我的空性，就是
見到佛性，已經確信自己必將完成佛果，唯距究竟
圓滿的無上菩提，還有很長很長的道路要走。所以
見了性的人，更需要常生慚愧心，常起精進心。❷

　　從上述的論證觀點，要到「賢位」——初住以上
才能真正以「頓悟漸修」來修證祖師禪，那為何法師說
的「凡夫」也可以修持祖師禪呢？其實，這就是模式三
的①－2（頓悟漸修）與②－1（漸修頓悟）的修證方
式，也就是第一次的頓悟漸修（頓解悟）還在十信（外
凡）位中，若要到達到初住或初住（內凡或賢）位以上
的話，需要再配合第二次的漸修頓悟（頓證悟）才能到
達。因此凡夫也可以開悟，法師舉出：

　　「悟」是體驗到當煩惱脫落時，心非常的自在，
　　但還是凡夫，需要繼續的修行，那是從明知煩惱、
　　調伏煩惱、斷滅煩惱，才算轉凡成聖。❸

---

❷ 釋聖嚴，《聖嚴法師教默照禪》，頁 70，行 4-9。
❸ 釋聖嚴，《抱疾遊高峰》，頁 81，行 9-11。

開悟並不等於成了聖人……如果煩惱只是暫時不生起，那仍然是凡夫；如果煩惱不會再現形，可是內在煩惱的根還在，這是「賢」而不是「聖」。通常我們所謂徹悟的人，大致上是進入賢位的階段，信心已經成就，能夠調伏煩惱，但是還沒有斷煩惱，因此要長養聖胎，就像是胎兒一樣。❶

從上述法師的論述，我們可整理出開悟（頓悟）者的三種類型如下表：

表九：開悟的三種類型

類型一	類型二	類型三
凡夫	賢位	聖位
明知煩惱 （煩惱暫時不生起）	調伏煩惱	斷滅煩惱

可知十信位❶中的凡夫（類型一）仍然可以開悟，❶而禪宗的開悟（甚至徹悟）大致上是在賢位（類

---

❶ 釋聖嚴，《聖嚴法師教話頭禪》，頁 161，行 5-12。

❶ 「調伏見思二惑，（雖有而）不受偏見我見等所迷惑，亦（雖有而）不為貪瞋癡等所轉動，尚不過**在十信位中的凡夫階段**而已呢！今有一些自以為**開悟見道**入賢出聖的人，相信他們多數的多數，是禁不起考驗的。」釋聖嚴，《戒律學綱要》，頁 329，行 14-16。

❶ 「禪宗的開悟，只是悟得一個『入處』，並非即是證果（即使也有可能

型二）──也就是初住以上的三賢位中。只有非常特殊的例子是進到聖位（類型三）。❺於是我們得出：模式一的①－1（頓悟漸修）及模式二的⑦－1（頓修頓悟）都可以達初住的賢位以上。而模式三的①－2（頓悟漸修）是位於十信位內，此頓悟是屬於頓解悟，故需要進一步修行模式三的②－1（漸修頓悟）以成就信心（信解）而進入初住位以上，頓悟時就是證悟了。簡而言之，凡夫在十信位內的頓悟是一種「解悟」，而當頓悟而證入賢位乃至聖位時，是「證悟」了。

（八）《壇經》的「漸修」、「頓修」與「頓悟」在實踐上的意義

澄觀與宗密對頓漸悟修有一個基本的詮釋主軸，那就是「悟後起修」，也就是：「先悟後修」是解悟；「先修後悟」是證悟。先修後悟是根據《楞伽經》地前漸修、地上頓悟的原則。其二，悟後起修、先悟後修的解悟應是來自於神會的「頓悟漸修」。但這些用語，我

證得大乘賢聖的階位）。」釋聖嚴，《佛教入門》，頁 210，行 2-3。

❺ 「禪宗所說的『見性成佛』，淺者屬於相似即佛（按：即三賢位），深者也不能超過分證即佛（按：即聖位）。」釋聖嚴，《禪鑰》，頁 132，行 9。又，「充其量，禪宗的開悟，相近於『得法眼淨』──見道──小乘的初果、大乘的初地而已。」釋聖嚴，《正信的佛教》，頁 92，行 10-12。

們有必要加以歸納釐清，以呈現《壇經》的修證特色。

對於《壇經》中有關頓漸修悟的相關詞彙，我們進一步分析如下表：

表十：《壇經》中有關頓漸修悟的相關詞彙

	頓悟	頓見	頓修	漸修	悟人	迷人
敦煌本	3次	2次	2次 ⓲	漸（勸）⓳1次	2	20
宗寶本	5次	2次	1次 ⓴	漸修1次	3	15

《壇經》是講頓教而重於頓悟（頓見）法門，並強調頓漸在於人的根器，而不在於教法本身。㉑根據頓漸悟修的原則，《壇經》兩個版本共出現三種修證方式：頓悟頓修、頓修頓悟和漸修頓悟。前面已經分析過，《壇經》的「頓修頓悟」修證方式，幾乎就是宗密提出的第七對⑦－1的「修悟一時、即證即解、即解即

⓲ 即「悟人頓修」、「自性頓修」。

⓳ 此處「漸（勸）」意為「漸次勉力修行」。（見《敦煌新本六祖壇經》，頁17，校記（1），楊曾文校寫，上海古籍出版社出版，1993年10月）

⓴ 即「頓悟頓修」。

㉑ 「敦煌本」：「何以漸頓？法即一種，見有遲疾，見遲即漸，見疾即頓，法無漸頓，人有利鈍，故名漸頓。」（CBETA, T48, no. 2007, p. 342, b3-5）「宗寶本」：「法本一宗，人有南北。法即一種，見有遲疾。何名頓漸？法無頓漸，人有利鈍，故名頓漸。」（CBETA, T48, no. 2008, p. 358, b8-9）

證」。故頓悟頓修的實質意義上等於頓修頓悟，因此
《壇經》的修證可簡化爲兩種：頓修頓悟與漸修頓悟即
可，前者是悟人所修，後者是迷人所修。頓修頓悟的確
是《壇經》的特色法門，而從「敦煌本」及「宗寶本」
中都可看到用「迷人」之次數相當多，這說明《壇經》
不單是爲悟人而說，更是爲了開導迷人而做的。希望迷
人也能以漸修頓悟，同入頓教的頓悟法門。以下，我們
與宗密的「九對頓漸」做比較，再次釐清《壇經》做爲
頓教的頓悟法門的特色所在。

1.《壇經》的「漸修」與「頓修」VS.宗密的「漸
　修」與「頓修」

宗密的「漸修」與「頓修」，一般是在悟（解悟／
頓悟）後起「修」的立場而說的，⑯《壇經》並沒有區
分解悟與證悟之別，「自性頓修，無有漸次」是這一立
場的明確提示。

2.《壇經》的「頓悟」VS.宗密的「頓悟」

如同前述，宗密將「頓悟」區分爲「解悟」與「證
悟」，要解悟以後才有眞修可言。《壇經》沒有區別兩
種悟，但強調要修行要自修自悟，一悟即至佛地。

---

⑯　當然，這要除掉沒有頓解悟的第二對：②－2（漸修頓悟）、第三對：
　　③頓修漸悟及第四對：④漸修漸悟。

汝若不得自悟，當起般若觀照，剎那間妄念俱
滅，即是自真正善知識，一悟即至佛地……悟無念
頓法者，至佛位地。🄰

《壇經》強調的是「頓教」的「頓悟」法門，讓人
能夠「一悟即至佛地」，這是《壇經》教法在實踐上的
意義所在。漸修頓悟亦復如此。🄱如宗密所說的「南宗
頓顯漸密」，🄲「密」是隱祕而不明顯的意思，這說明
了《壇經》主要是對利根人🄳而說，但也是爲了化導迷
人、愚人來修學的頓教法門。

🄰 「敦煌本」（CBETA, T48, no. 2007, p. 340, c15-26）。「宗寶本」爲：
「若起正眞般若觀照，一刹那間，妄念俱滅。若識自性，一悟即至
佛地……悟無念法者，至佛地位。」（CBETA, T48, no. 2008, p. 351,
a24-b5）

🄱 「敦煌本」：「智人與愚人說法，令使愚者悟解心開。迷人若悟解心
開，與大智人無別。」（CBETA, T48, no. 2007, p. 340, b26-28）「宗
寶本」：「智者與愚人說法。愚人忽然悟解心開，即與智人無別。」
（CBETA, T48, no. 2008, p. 351, a8-9）

🄲 《圓覺經略疏鈔》卷 2。（CBETA, X09, no. 248, p. 841, c12 // Z 1:15, p.
110, b8 // R15, p. 219, b8）

🄳 「敦煌本」：「大師言：『汝師戒定惠勸小根智人；吾戒定惠勸上智
人。得悟自性，亦不立戒定惠。』」（CBETA, T48, no. 2007, p. 342,
b27-28）「宗寶本」爲：「汝師戒定慧，勸小根智人；吾戒定慧，勸大
根智人。若悟自性，亦不立菩提涅槃，亦不立解脫知見。無一法可得，
方能建立萬法。」（CBETA, T48, no. 2008, p. 358, c18-21）

3.《壇經》的頓修頓悟 VS. 宗密的頓修頓悟

宗密的第六對⑥頓悟頓修（先修後悟），等於頓修頓悟，這是證悟。其修證方式是配合第五對的⑤頓悟頓修（先悟後修），這是解悟。宗密以《圓覺經·普賢章》的「知幻即離」配比頓悟頓修；以「離幻即覺」配比頓修頓悟，這的確非常容易理解，但看起來還是有兩個次第，《壇經》的頓修頓悟並沒有次第、漸次，它比較像第（六）小節中的第七對：頓悟頓修 ⑯（修悟一時）的⑦－1：即證即解，即解即證。這是「一悟即至佛地」⑯的「為上上根人說」⑯的修法。對修證結果而言，第六對的⑥頓悟頓修（先修後悟＝頓修頓悟）和第七對的⑦－3：頓盡頓覺都與《壇經》的頓修頓悟相通。

4.《壇經》的漸修頓悟 VS. 宗密的漸修頓悟

如同上述，宗密的第二對②－1漸修頓悟，屬證悟，這是配合第一對①－2頓悟漸修（解悟）而有，②－1是在①－2的解悟後之漸修，修極故證。這與

---

⑯ 「宗寶本」也用頓悟頓修一詞，但筆者在前述中已經指出，用頓修頓悟更為恰當。

⑯ 「敦煌本」（CBETA, T48, no. 2007, p. 340, c16）；「宗寶本」（CBETA, T48, no. 2008, p. 351, a25）。

⑯ 這是契嵩在「宗寶本」序文中所說的話，見「宗寶本」（CBETA, T48, no. 2008, p. 346, c22-23；p. 347, a21-22）。

《壇經》的漸修頓悟有別，《壇經》的漸修頓悟，是迷人的修法，漸修頓悟也不需要事先經過頓解悟才能夠修，而且一旦頓悟，與悟人（利根人）頓修頓悟的頓悟完全相同，這種頓悟也沒有解悟與證悟之別。

五、結論：知行合一、行解並重

以上，拙論以「從俱解脫到慧解脫──以數息觀為例」、「四諦、十二因緣與話頭禪法」、「禪機之經證──《楞伽經》」、「頓與漸──從如來禪到祖師禪」等四節來論述中華禪法鼓宗話頭禪法學理。從原始佛教的數息觀之演變、部派佛教的四諦十六行相、大乘佛教的如來禪乃至漢傳禪佛教的祖師禪，一一都可以找到中、印兩大系統佛教之禪修學理；從印度佛教的俱解脫、次第禪定而朝向慧解脫、禪機發展銜接之軌跡。這些演變，經過了千百年來本土文化的錘鍊，祖師大德的發明，成為漢傳禪佛教的重要修證學理。本文之貢獻有下列五點：

（一）達摩的「二入四行」蘊涵了祖師禪「頓悟漸修」之雛形。

（二）澄觀首先提出頓悟有解悟與證悟之別。

（三）確認了神會所提出「頓悟漸修」成為祖師禪頓漸修悟之根本原則。

　　（四）透過宗密對九對頓漸的釋義，重新認識《壇經》做為頓教法門，在漸修、頓修與頓悟上之意涵與特色。

　　（五）論證了聖嚴法師所建立的中華禪法鼓宗之禪法中，凡夫可以修行開悟之學理根據。

　　宗與教、禪與教，以現代的術語來說就是知與行、解與行，這是每個時代的修學者需要實踐、詮釋的課題。行重於直觀的修證，解貴於知見的釐清，偏一則成文字法師，或成暗證禪師。歷代——特別是宋以後的祖師大德有不少關於話頭禪法的著作，但多見於禪修的指導或悟境的自述，本文提出新的嘗試，從中、印兩大系統的傳統修證論據，建構中華禪法鼓宗話頭禪法之修證學理，但或論證不足、或有遺漏之處，尚請不吝指教，是所幸甚。

附錄：九對頓漸

　　《圓覺經大疏釋義鈔》卷 3：「疏：其頓漸下，第四總釋法門。然悟與修，皆通頓漸。又悟有解悟、證悟，修有隨相、離相。謂：初因解悟，依悟修行，行滿功圓，即得證悟，此為真正；若各隨根性，及諸善友，方便施設，先後無定。今文九對，一五，解悟；二三四六九，證悟；七八，通二悟。疏：頓悟者，慧日頓出（圓明覺性），霜露之惑漸銷。又如孩子初生，六根四支百節頓具（性上恒沙功德），乳哺飲食養育，漸漸成長。出身入仕（萬行資莊，報化圓滿，舉二喻者，斷惑證理，二相別也，後亦例此）。此悟在初，故屬解悟。悟後之修，即具隨相、離相。理事雙修，故功行圓滿，必有證後悟，即屬後對。疏：漸修頓悟下，次三對，證悟也。初言漸修頓悟者，此有二意：一者即前解悟之漸修，修極故證；二則從初便漸，如諸聲聞因四十年漸，前修三乘教行故。靈山會中，聞法華經，疑網頓斷，心安如海，授記成佛。如人伐木，千斧萬斧漸斫，倒即一樹頓倒（喻斷惑也）。又如從邊遠來於京都，數月步步漸行，入大城門之日，一時頓到（喻證理也）。天台數年修練，百日加功用行，忽然證得法華三昧旋陀羅尼

門，於一切法悉皆通達，即其事也。北宗漸門之教，意
見如此，然多入二乘之境，難得圓通證。故漸悟者，謂
雖聞圓教信圓法，而根性遲鈍，不得頓悟。雖不得頓
悟，而樂欲情殷，深宗頓理，頓發大心，頓絕諸緣，頓
伏煩惱。由此加行，漸漸得悟，悟即是證，不唯會解。
如人磨鏡，一時遍磨一面，終不從一分一寸致功，塵埃
則微微而盡（漸淨）。明相漸漸而著（漸照）。又如學
射，初把弓矢，便注意在的（喻發無上菩提心也），終
不故作親疏節級（不先發十信，擇十住等）。然千百
日，射億萬箭，方漸漸親近，乃至百發百中（前喻已其
斷證，後喻唯證成）。疏：漸悟者，謂信本性圓滿，而
猶計有業惑障覆，故勤拂鏡塵，漸悟心性，如注所引喻
也。足履喻修行，所鑒喻證悟也（若對下，頓斷煩惱斬
絲之喻，此如斷竹節不同）。疏：并爲證悟者，總結上
三對也。疏：若云頓悟頓修下，三對悟修皆頓，但以惑
互先後，或同時故，成解證之異。初標頓悟頓修，以
斬染縑絲爲喻者，斬如頓悟，頓悟煩惱本無，即名爲
斷。如一縜之絲，不勝一劍而頓斷故（此是荷澤所舉之
喻）。染如頓修，頓稱性上恒沙功德，念念無間而修，
如染一縜之絲，千條萬條，一時成色。故清涼大師心要
云：心心作佛，無一心而非佛心，處處道成，無一塵而
非佛國。又行願疏云：行則頓修，位分因果，皆是頓修

之義。疏：謂先悟後修等者，初對也。如注所釋，謂由頓了身心塵境皆空故，不著諸相，不證心性，心性本不動故。又由頓了恒沙功德皆備故，念念與之相應，名為合道。由悟於先，故當解也。疏：先修後悟等者，次對也。謂頓由絕諸緣等云云（如上所引），故得心地豁開。以根欲俱勝故，不同前頓修漸悟也。注以修如服藥者，一服頓契也。悟如病除者，熱病得汗，四肢百節一時輕清也，不取漸漸平復之意，以悟在修後，故當於證。然此證解前〔後〕無二相。疏：修悟一時者，後對也。謂以無相為修，分明為悟，悟即慧也用也；修即定也體也。荷澤云：即體而用自知等。注中取意，引心要也。具云：無心於忘照，則萬累都捐。任運以寂知，則眾行爰起。今但各取上句故，一喻悟，一喻修。若全用後二句，自有修悟，謂上句悟，下句修也。心要又云：一念不生，前後際斷（即頓修也）。照體獨立，物我皆如（即頓悟也）。荷澤云：一切善惡都不思量，言下自絕念相（修也）。正無念想，心已自知（悟也）。疏：即通解證者，此有二意，一者，如上釋云：證解亦無二相。故二皆通，謂即證即解，即解即證。二者，或是證，或是解，謂頓了頓息等，即為解悟。頓盡頓覺，即為證悟。如大夢覺，覺即頓覺，夢必頓盡故（如佛地論說，下當具釋）。疏：若本具下，第八一對也。結云：

通解證也，亦含二意，如次上說。初義可知，後義應釋，約『解』釋者，但取無漏本覺爲悟；不加覺了之心，但取性上功德爲行，不待息心爲行。注中『飲』字『得』字皆喻，與之相應。約『證』釋者，即始覺合本之時，無別始覺之異故。華嚴疏云：新成舊佛，舊佛新成，成時但是本本之眞，不見新新之相，悟修皆爾。故華嚴說：成時必與一切眾生同體俱成。又云：成與不成，無差別者，正由不取新成之虛相也。疏：若約楞伽下，第九對之證悟也。此雖漸頓各四，而非四對。謂：以地前四漸，對地上四頓故。彼經，大慧白佛言：世尊，云何淨除自心現流，爲頓爲漸。答中，先明四漸，後說四頓。漸，經云：佛告大慧，漸淨非頓。如一菴羅果，漸熟非頓。如來漸除眾生自心現流，亦復如是，漸淨非頓（一，此喻十信）。二，如陶家作器，漸成非頓（十住）。三，如大地漸生非頓（十行）。四，如習藝漸就非頓（十向）。上之四漸，約於修行，未證理故。下之四頓，約已證理故。一，明鏡頓現喻，經云：譬如明鏡，頓現一切無相色像，如來淨除一切眾生自心現流，亦復如是，頓現無相無所有清淨法界（喻初地至七地）。二，日月頓照喻，云：如日月輪，頓照顯示一切色像，如來爲離自心現流習氣過患眾生，亦復如是，頓爲顯示不思議勝智境界（喻八地已上）。三，藏識頓知

喻，云：譬如藏〔識〕頓分別知自心所現身相及安立受
用境界，彼諸佛亦復如是，頓熟眾生所處境界，以修行
者安處於色究竟天（此喻報身）。四，佛光頓照喻，
云：譬〔如法〕佛所作依佛，光明照曜，自覺聖趣，亦
復如是。彼於法相有性無〔性〕、惡見妄想，照令除滅
（亦喻法報，前喻頓成，此喻頓照）。今注中取意，撮
略標之，但看上引經文，自當見耳。然一向鑒配地位
者，古今同為此釋，亦順經文。若准清涼大師華嚴疏鈔
所釋，則通於橫豎，則位位中皆有頓義。且約橫論頓，
復有多義，謂頓悟漸修等四句云云，亦不出上來九對
頓漸。」

（CBETA, X09, no. 245, p. 535, c1-p. 536, c16 // Z 1:14, p. 280,
b8-p. 281, c5 // R14, p. 559, b8-p. 562, a5）

參考文獻

一、佛典文獻（依部類及經號順）

《雜阿含經》。CBETA, T02, no. 99。

《大方廣佛華嚴經》。CBETA, T09, no. 278。

《大般涅槃經》。CBETA, T12, no. 374。

《坐禪三昧經》。CBETA, T15, no. 614。

《楞伽阿跋多羅寶經》。 CBETA, T16, no. 670。

《大方廣圓覺修多羅了義經》。CBETA, T17, no. 842。

《大佛頂如來密因修證了義諸菩薩萬行首楞嚴經》。
　　CBETA, T19, no. 945。

《阿毘達磨大毘婆沙論》。CBETA, T27, no. 1545。

《阿毘達磨俱舍論》。CBETA, T29, no. 1558。

《大乘阿毘達磨集論》。CBETA, T31, no. 1605。

《大方廣佛華嚴經隨疏演義鈔》。CBETA, T36, no.
　　1736。

《大方廣圓覺修多羅了義經略疏》。CBETA, T39, no.
　　1795。

《釋禪波羅蜜次第法門》。CBETA, T46, no. 1916。

《六妙法門》。CBETA, T46, no. 1917。

《大慧普覺禪師語錄》。CBETA, T47, no. 1998A。

《南宗頓教最上大乘摩訶般若波羅蜜經六祖惠能大師於
　　韶州大梵寺施法壇經》。CBETA, T48, no. 2007。

《六祖大師法寶壇經》。CBETA, T48, no. 2008。

〈禪源諸詮集都序〉。CBETA, T48, no. 2015。

《楞伽師資記》。CBETA, T85, no. 2837。

《華嚴經行願品疏鈔》。CBETA, X05, no. 229。

《圓覺經大疏》。CBETA, X09, no. 243。

《圓覺經大疏釋義鈔》。CBETA, X09, no. 245。

《圓覺經略疏鈔》。CBETA, X09, no. 248。

《觀楞伽經記》。CBETA, X17, no. 326。

《答順宗心要法門》。CBETA, X58, no. 1005。

《菩提達磨大師略辨大乘入道四行觀》。CBETA, X63,
　　no. 1217。

《中華傳心地禪門師資承襲圖》。CBETA, X63, no.
　　1225。

《龐居士語錄》。CBETA, X69, no. 1336。

《清淨道論（第 8-13 卷）》。CBETA, N68, no. 35.

二、敦煌文獻

《南陽和尚頓教解脫禪門直了性壇語》。胡適校寫巴黎
　　國家圖書館藏的敦煌寫本，原編號 Pelliot 2045 的第
　　二件，即集刊本分所收。此卷原題「南陽和上頓教

解脫禪門直了性壇語」《新校定的敦煌寫本神會和尚遺著兩種》。（CBETA, B25, no. 142, p. 172, a7-9）

《神會和尚語錄》。（甲）胡適校寫巴黎國家圖書館藏的敦煌寫本，原編號 Pelliot 3047，收在「神會和尚遺集」卷一，民國十九年（1930）出版。原無題目，胡適擬題「神會語錄」。《神會和尚語錄的第三個敦煌寫本：南陽和尚問答雜徵義（劉澄集）》。（CBETA, B25, no. 143, p. 189, a10-p. 190, a2）

《菩提達摩南宗定是非論》（伯希和第二○四五號之第一件）。法 Pel. chin. 2045(1)，法國國家圖書館藏，敦煌西域文獻第 3 冊，第 137 頁。（上海：古籍出版社，1994 年）。又，請參考：《新校定的敦煌寫本神會和尚遺著兩種》。（CBETA, B25, no. 142, p. 143, a6-10）

《菩提達摩南宗定是非論》（伯希和第三四八八號）。法 Pel. chin. 3488，法國國家圖書館藏，敦煌西域文獻第 24 冊，第 322 頁。（上海：古籍出版社，2002 年）。又，請參考《新校定的敦煌寫本神會和尚遺著兩種》。（CBETA, B25, no. 142, p. 69, a1-5）

《頓悟無生般若頌》。胡適校寫倫敦英國博物院藏的敦

煌寫本〈頓悟無生般若頌〉，原編號 Stein 468，收
在《神會和尚遺集》卷四，民國十九年（1930）四
月出版。其內容同於《景德傳燈錄》第 30 卷：〈荷
澤大師顯宗記〉。（CBETA, T51, no. 2076, p. 458,
c25-p. 459, b6）

三、專書、論文（依筆順）

佐々木憲德，『漢魏六朝禅観発展史論』，東京：平文
　　社，1976 年。

野村耀昌等著，釋聖嚴譯，《中國佛教史概說》，《法
　　鼓全集》2-2，臺北：法鼓文化，2005（1972，本括
　　弧內為初版年，以下同）年。

楊曾文，《敦煌新本六祖壇經》，上海：古籍出版社，
　　1993 年 10 月。

釋果暉，〈聖嚴法師之漢傳佛教復興運動——以漢傳禪
　　佛教為中心〉，《聖嚴研究》第二輯，法鼓文化，
　　初版一刷，2011 年 7 月，頁 320-327。

釋果暉，〈漢傳禪佛教之起源與開展——中華禪法鼓宗
　　默照禪修行體系之建構〉，《聖嚴研究》第八輯，
　　法鼓文化，初版一刷，2016 年 6 月，頁 7-59。

釋聖嚴，《戒律學綱要》，《法鼓全集》1-3，臺北：法
　　鼓文化，2005（1965）年。

釋聖嚴，《比較宗教學》，《法鼓全集》1-4，臺北：法鼓文化，2005（1968）年。

釋聖嚴，《學術論考》，《法鼓全集》3-1，臺北：法鼓文化，2005（1993）年。

釋聖嚴，《書序》，《法鼓全集》3-5，臺北：法鼓文化，2005（1999）年。

釋聖嚴，《學術論考 II》，《法鼓全集》3-9，臺北：法鼓文化，2005 年。

釋聖嚴，《禪的體驗・禪的開示》，《法鼓全集》4-3，臺北：法鼓文化，2005（1980）年。

釋聖嚴，《禪的生活》，《法鼓全集》4-4，臺北：法鼓文化，2005（1984）年。

釋聖嚴，《拈花微笑》，《法鼓全集》4-5，臺北：法鼓文化，2005（1986）年。

釋聖嚴，《禪與悟》，《法鼓全集》4-6，臺北：法鼓文化，2005（1991）年。

釋聖嚴，《禪的世界》，《法鼓全集》4-8，臺北：法鼓文化，2005（1994）年。

釋聖嚴，《禪鑰》，《法鼓全集》4-10，臺北：法鼓文化，2005（1996）年。

釋聖嚴，《聖嚴說禪》，《法鼓全集》4-12，臺北：法鼓文化，2005（1996）年。

釋聖嚴，《聖嚴法師教觀音法門》，《法鼓全集》4-13，臺北：法鼓文化，2005（2003）年。

釋聖嚴，《聖嚴法師教默照禪》，《法鼓全集》4-14，臺北：法鼓文化，2005（2004）年。

釋聖嚴，《神會禪師的悟境》，《法鼓全集》4-16，臺北：法鼓文化，2005（2000）年。

釋聖嚴，《佛教入門》，《法鼓全集》5-1，臺北：法鼓文化，2005（1979）年。

釋聖嚴，《春夏秋冬》，《法鼓全集》6-7，臺北：法鼓文化，2005（1993）年。

釋聖嚴，《抱疾遊高峰》，《法鼓全集》6-12，臺北：法鼓文化，2005（2001）年。

釋聖嚴，《聖嚴法師教話頭禪》，《法鼓全集》續編（網路版）10-6，臺北：法鼓文化，2009年。

釋聖嚴，《我願無窮——美好的晚年開示集》，《法鼓全集》續編（網路版）10-10，臺北：法鼓文化，2011年。

釋聖嚴，《聖嚴法師教淨土法門》，《法鼓全集》續編（網路版）10-11，臺北：法鼓文化，2010年。

馬克瑞（John R. McRae），〈神會與初期禪學中的頓悟說〉（Shen-hui and the Teaching of Sudden Enlightenment in Early Ch'an Buddhism），《頓與漸：中國思想

中通往覺悟的不同法門》（*Sudden and Gradual: Approaches to Enlightenment in Chinese Thought*, pp. 227-278），頁 191-228。

格里高瑞（Peter N. Gregory），〈頓悟漸修：宗密對心的分析〉（Sudden Enlightenment Followed by Gradual Cultivation: Tsung-mi's Analysis of Mind），《頓與漸：中國思想中通往覺悟的不同法門》（*Sudden and Gradual: Approaches to Enlightenment in Chinese Thought*, pp. 279-320），頁 229-259。

格里高瑞（Peter N. Gregory）編，馮煥珍、龔雋、秦瑜、唐笑芝譯，《頓與漸：中國思想中通往覺悟的不同法門》（*Sudden and Gradual: Approaches to Enlightenment in Chinese Thought*, First published by the University of Hawaii Press: 1987），上海：古籍出版社，2010 年。

四、電子及網路資源

《CBETA 電子佛典集成》Ver. 2016（T：《大正新脩大藏經》；X：《卍新纂大日本續藏經》選錄；Z：《卍大日本續藏經》；R：《卍續藏經》；N：《漢譯南傳大藏經》；B：《大藏經補編》選錄）。

《法鼓全集》網路版，網址：http://ddc.shengyen.org/pc.

htm（2007-2017）。

黃偉雄，〈菩提達摩在中國禪宗史的地位〉，《國際佛學研究》第 2 期，1992 年 12 月出版，頁 20。網址：http://buddhism.lib.ntu.edu.tw/FULLTEXT/JR-BJ006/bj6_2_01.htm。

楊曾文，〈唐代宗密及其禪教會通論〉，《中華佛學學報》，第 12 期，臺北：中華佛學研究所，1999 年，頁 219-235。 網址：http://webcache.googleusercontent.com/search?q=cache:ilwYq1nKt48J:www.chibs.edu.tw/ch_html/chbj/12/chbj1216.htm+&cd=2&hl=zh-TW&ct=clnk&gl=tw。

A Study of the Dharma Drum Lineage's Theoretical Thought Regarding Huatou/ Doubt Sensation Chan Meditation:

with a Review of the *Zongmi* Nine-pair Sudden/ Gradual Enlightenment

▌ Abstract

After its introduction to China, Buddhism underwent dramatic competition against, and fusion with, Chinese culture for hundreds of years. The Chan School after the Tang and Song dynasties can be regarded as the most successfully localized school. Drawing from the essence of both Buddhist and Chinese culture, it has best exemplified the characteristics of Chinese Buddhism.

The "gateless gate of Chan" and "where the path of words is cut off" are both ideas often mentioned in Chinese Chan Buddhism. There is a large volume of discourse from ancient Chan masters, which has been and continues to be guiding texts for Chan practice. However, historically, the Chan School has talked little about constructing a system of Chinese Chan Buddhist thought, practice within the general development of Indian and Chinese Buddhism. In this study, a new attempt is proposed. The author would like to investigate the theoretical system of *Huatou*/Doubt Sensation Chan Meditation in Chinese Chan Buddhism from the viewpoint of the history of Indian and Chinese Buddhist thought. At the same time, through an examination of important Buddhist scriptures and works from Chan masters, this paper also discusses whether the philosophical thought regarding *Huatou*/Doubt Sensation Chan Meditation, which was inherited from Indian Buddhism and then transformed into a sect of Chinese Chan Buddhism, presents a coherent approach to Chan practice. The ultimate aim of this study is to evaluate and cultivate the characteristics of the Dharma Drum Lineage of Chan Buddhism.

In 2014, the author delivered a paper entitled, "The Origins and Development of Chinese Chan Buddhism: A Study of the *Mozhao*/Silent Illumination Chan Meditation System of the Dharma Drum Lineage," at the 5th International Sheng Yen Education Foundation Conference. That paper explored the original concepts of Chinese Chan Buddhism beginning with Agama Buddhism and continuing to Sectarian Buddhism.

Being one of the two mainstream meditation methods of the Dharma Drum lineage, *Huatou*/Doubt Sensation Chan Meditation began in the Tang Dynasty and flourished in the Song Dynasty, especially during the time of the great Chan master *Dahui Zonggao* 大慧宗杲 (1089-1163).

This paper will discuss four topics.

(1)　From both kinds of liberation to wisdom liberation: an example of ānâpāna-smṛti meditaton.

(2)　Sixteen defining activities of the Four Noble Truths and *Huatou*/Doubt Sensation Chan Meditation.

(3)　The Laṅkâvatāra-sūtra and *chanji* (profound functions).

(4)　From Tathāgata Chan to Patriarchal Chan, with a focus on *Huatou* Chan and an examination of the Chan Meditation Theoretical Thought of Chinese Chan Buddhism, extending from Mahayana Buddhism in India to Chinese Buddhism before the Tang Dynasty (2nd to 6th centuries CE).

Keywords: Sixteen Defining Activities of the Four Noble Truths, Patriarchal Chan, Initial Insight and Final Enlightenment, Nine-pair Sudden/Gradual Enlightenment, Platform Sutra of the Sixth Patriarch

A Study on the Phenomenon of "Sweating All Over" and the Process during Chan (Zen) Enlightenment:

Historical Examples and the Case of Master Sheng Yen's Meditation Experience

▌ Abstract

The practice and cultivation of the Traditional Chan (Zen) School emphasizes "Mind-to-Mind Transmission" in which the teaching is passed from a Chan master to their disciples and heirs as an unbroken lineage of teacher and disciple relationship. In the golden age of Chan , practitioners can easily find a Chan master, or even many, to learn and practice Chan to achieve enlightenment. For those without a master, if they can seize and follow through the correct concepts and methods of Chan practice and finally awaken to the truth, they can also find a teacher—one called "the experienced"— to examine and corroborate if they are truly enlightened. In addition, the other important principle of Chinese Chan School is to "pursue seeing the nature, not meditative liberation." This illustrates that Chan practice focuses much more on seizing the grand principle of the realization of wisdom, than on the reaction to one's body and mentality during the practice.

The Industrial Revolution, which started from the later part of the 18th century, produced the greatest advances in technology and engineering for the modern civilization. Rationalism arose consequentially, asserting that in the field of humanistic studies, including religion, the truth should be explained and determined by scientific methods and factual analysis. In Zen Buddhist practice nowadays, the popularity of the study of topics such as "Zen and the Brain" and "Enlightenment" among international scholars and researchers growing trend attempting to view and explore Zen meditation and its effects on the human body in a scientific way.

In the historical literature of the Chinese Chan School, many episodes and cases have been documented regarding the phenomenon of Chan Enlightenment. A conspicuous occurrence noted in this literature is "sweating all over". Obviously what is being referred to here is the physical and psychological reaction the practitioners experienced while becoming enlightened, not the sweating due to the heat of the weather, which can easily happen during retreat in the summer. So far, we don't have any counter-evidence to show that if a practitioner does not "sweat all over," he is surely not yet enlightened. On the other hand, we can also assume that not all the practitioners who had the experience of "sweating all over" during enlightenment did indeed mention this to others and/or have it documented, in order to become part of the historical record.

However, the traditional Chan School uses "mind-sealing-the-mind", an intuitive method independent of the spoken or written word, to evaluate and corroborate whether the practitioner is already enlightened. The single physical phenomenon of "sweating all over" during enlightenment can hardly be a criterion for this corroboration. Furthermore, there is no record in the Chan School literature indicating that such a criterion was ever used. But the author shows many exemplary cases documented in the Chan School scriptures and literatures, as well as the case of the Chan meditation experience of Master Sheng Yen himself. It is worthy to explore the mystery with further studies from an interdisciplinary approach, such research based on Chan meditation and Neurophysiology or psychobiology.

In addition, from childhood, Master witnessed numerous natural and man-made disasters which inspired him to explore the predicament of life and death. Although there was no one to guide him to practice Koan or Huatou, due to his own good merits, innumerable inner doubts naturally converged to his inner issue—a doubt sensation of life. He broke through the traditional practice formula of Huatou, and could more profoundly grasp the connotation and meaning of Zen Meditation—from "doubt" to "Enlightenment." This influenced him to employ more flexible kinds of Zen teaching methods in the East and West for decades.

In 1957, which is the year prior to his meeting with

Master Ling Yuan, Master Sheng Yen wrote many Buddhist articles. His thoughts on Buddhism flowed very smoothly, and could converge to his inner Buddhist ideology, which made many people think he was enlightened. By the spring of 1958, when he met with Master Ling Yuan, Master Sheng Yen's doubt sensation (or doubt mass) had already lasted for three months. From "thinking" to "practicing," this clearly a common course for practicing Zen Buddhism.

It could be said that Master Sheng Yen and Master Tai Xu shared a kind of similar practice and enlightenment course. When Master Tai Xu, at the age of 19, reading *Prajñāpāramitā-sūtra*, he experienced a Samādhi experience and then could "write down extreme quickly, feel free to express his Buddhist thought." In the second Samādhi meditation, at the age of 28, he went into a profound enlightenment. Obviously, there are the same practice processes for the two Masters: from "thinking" to "practicing" and from "practicing" to "enlightenment." Even Chinese Buddhism carried out such a kind of Zen meditation practice different from the Buddhism of India, but each Buddhism keep the common course containing four processes: "hearing, thinking, practicing and enlightenment."

Keywords: process, Chan (Zen) enlightenment, doubt sensation, sweating all over, interdisciplinary

1. The Phenomenon of "Sweating All Over" during Chan (Zen) Enlightenment

1.1 Sweating all over: A Body-mind Reaction from Chan Meditation

The practice and cultivation of the traditional Chan School in China emphasizes a "mind-to-mind transmission" in which the teaching is passed from Zen masters to their disciples and heirs in an unbroken lineage of teacher and disciple relationship. In the golden age of Zen, ❶ practitioners could easily find a Zen master, or even many, to guide them to practice Zen and achieve enlightenment. On the other hand, some unique practitioners, without a master, could discover and achieve/fulfill the right view of the Dharma and methods of Zen practice themselves. During their practice careers, when they awoke to truth, they usually would find at least one Zen master that would be able to certify their attainment of enlightenment. Another important principle of the Chinese Chan School is, "Only evaluate if one sees (one's true) nature or not; don't comment on their meditation or liberation." ❷ This illustrates that Zen practice focuses much more on seizing the grand principle of the realization of wisdom, rather than focuses on the response of one's body and mind during

---

❶ for example, the Tang Dynasty.

❷ *The Platform Sutra of the Sixth Patriarch* 六祖大師法寶壇經 , T48, no. 2008, p. 349 c18.

practice, ❸ especially during meditation.

The Industrial Revolution, which started from the later part of the 18th century, produced the greatest advances in technology and engineering for modern civilization. Consequently, rationalism raised its head, asserting that in the field of humanistic studies, including religion, the truth should be explained and determined by scientific methods and factual analysis, rather than through mystical or revelatory experience. In recent decades, popular studies in the practice of Zen Buddhism among international scholars and researchers ❹ represent a growing trend that attempts to view and explore Zen meditation and its effects on the human body and mind in a scientific way.

In the historical literature of the Chinese Chan School, many episodes and cases have been documented regarding the physical and mental phenomena of Zen Enlightenment. A conspicuous one sometimes noted is "sweating all over." ❺ Obviously what we're

---

❸ Of course, Master Zhe Ze's (Zhiyi, 538-597) *Shichanboluomi* 釋禪波羅蜜 and *Concise Śamatha-vipaśyanā* 小止觀 had mentioned this. Yet they're of the Tian-Tai School, not Zen School.

❹ such as *Zen and the Brain* (1998) and *Zen Brain Reflections* (2006) by James H. Austin.

❺ The expression of "sweating all over" used above literally means "the whole body covered with big drops of perspiration." The author, here, indicates an example of several synonymous phrases, such as: "tongshenhanliou 通身汗流", which was used by Master Han Shan in giving a dharma talk to laypeople about an enlightenment experience. Please see *A Collection of* discussing here is the physical and psychological reaction the practitioners experienced while attaining enlightenment, not the sweating due to the heat of the weather, etc.

However, the traditional Chan School uses "mind-sealing-the-mind", an intuitive method independent of the spoken or written word, to evaluate and corroborate if the practitioner has become enlightened. The single external phenomenon of "sweating all over heavily" during the experience of enlightenment can hardly be an adequate criterion by itself for the confirmation of enlightenment. And there is no record in the Chan School literature that it is used as a criterion by any Zen Master. However, we do have many exemplary cases documented in the Chan School scriptures and literature in which this is perceived as the same phenomenon as the experience of enlightenment. Therefore, these cases can be used as a basis for further study. ❻

So far, we do not have any counter-evidence to show that if a practitioner does not sweat all over, he is surely not yet enlightened. On the other hand, we can also assume that not all the practitioners who had the experience of "sweating all over" during enlightenment have described it to others and/or documented it, such that it became part of the historical

---

Sleepwalking by Han Shan Old Man 憨山老人夢遊集 , X73, no. 1456, p. 524a24-b1.

❻ A detailed study with Quantitative Analysis in this subject will be discussed in another paper.

record.

In his book *Discourse on Experience in Chan*, Venerable Master Sheng Yen 聖嚴法師 (1930-2009) mentioned:

> So, as we know, what's really important is to achieve the goal of sudden enlightenment. To go through a long-term meditation practice or not, is not the key. Therefore, implementing the stick and shout to give sharp warnings, or the so-called "Bang he", or sitting in meditation and concentrating on a "Huatou" (a critical phrase or punch line), or studying and pondering a "Koan" (kung-an) in order to gain a sudden breakthrough of insight—these are all lively methods, or special avenues, facilitated to inspire, motivate and clarify the practitioners' minds and dispositions, and to spread the light of wisdom to them through this sudden approach.
>
> And, when effectively touched and inspired by the approach, the practitioners would usually experience joy with **sweat pouring all over**, or feel shocked overwhelmingly like impacting from a great earthquake or lightning... It is indeed a very proactive, direct and speedy approach of Zen practice. ❼

---

❼ Master Sheng Yen, *Discourse on Experience in Chan* 禪的體驗‧禪的開示 (Taipei: Dharma Drum Pub. Corp., 1980), p. 92.

Thus we know that Venerable Master Sheng Yen also acknowledged that **sweat pouring all over** is a usual body-and-mind phenomenon of the experience of enlightenment for practitioners. Moreover, we also find that the Master also had the same experience when he had his first enlightenment experience:

> The night when I met with my late teacher, Master Ling Yuan 靈源老和尚 (1902-1988), ... we stayed at a monastery and shared the same sleeping platform that night. Desperately burdened with many questions, I approached him for answers. Continuously I talked about my problems and doubts, yet not a word was uttered from him. Then, abruptly and heavily, he slapped the bed "pa!" [8] That got me shocked and startled, with **sweat beading from my whole body**. He then fell asleep. That was it. And that made me put aside all my questions and fall asleep as well. When we let go of everything and return to the emptiness of the true nature of our mind, there's no question that needs to be raised. [9]

In another book, Venerable Master explained his

---

[8] This refers to the sleeping platform (Zen bed) that Master Sheng Yen and Master Ling Yuan shared.

[9] Master Sheng Yen, *The Enlightened State of Chan Master Shenhui* 神會禪師的悟境 (Taipei: Dharma Drum Pub. Corp., 1998), p. 33.

experience in more detail:

> These words struck me like lightning. **My body poured sweat**; I felt like I had been instantly cured of a bad cold. I felt a great weight being suddenly lifted from me. It was a very comfortable and soothing feeling. We just sat there, not speaking a word. I was extremely happy. It was one of the most pleasant nights of my life. The next day I continued to experience great happiness. The whole world was fresh, as though I was seeing it for the first time. [10]

The expression of "sweating all over," in this paper, is a natural reaction of the practitioner's physical and mental condition at that very moment of being enlightened. The earliest recorded event regarding this can be traced back to the era of Master Hui Neng惠能 (638-713), the Sixth Patriarch of Chan Buddhism. This event occurred after Hui Neng's first experience of enlightenment, while he was still a layman named Lu Xing Zhe ("Xing Zhe" means "dharma practitioner"). Another one disciple of the Fifth Patriarch, called Hui Ming, had been searching and chasing Lu Xing Zhe vigilantly for the robe (the insignia of the Patriarchate) given to Lu Xing Zhe by the Fifth Patriarch. When Hui Ming

---

[10] Master Sheng Yen with Dan Stevenson, *Hoofprint of the Ox* (New York: Oxford Univ. Press, 2001), p. 6.

had caught up with Lu Xing Zhe, Lu Xing Zhe put the robe
on a rock and asked Hui Ming to ponder: "Without thinking
of good, without thinking of bad, what is your original face
here and now?"... Hui Ming got enlightened right at that
moment with **sweat pouring all over**.❶ Master Hui Ming later
changed his name to "Dao Ming 道明" (?-?).❷

The case of Master Dao Ming's enlightenment took
place during the Tang Dynasty. We can also find many other
examples in the Song, Yuan, and Ming to Qing dynasties
that show the phenomenon of **sweating all over** during the
experience of enlightenment.

Here is one case from the famous Koan Master, Dahui
Zonggao大慧宗杲 (1089-1163) in the Song Dynasty. From
his *Dahui Pujue Chanshi Yulu*,❸ we can see his enlightenment
experience below:

> ...(Though, as an) old man, I (originally) started Chan
> practice when I was seventeen, and had reached some
> understanding of it, yet it was in odd pieces. I had spent

---

❶ *The Transmission of the Lamp* 景德傳燈錄 , T51, no. 2076, p. 232 a10 and
11.

❷ "First named Hui Ming. To respect the first character of his teacher's name,
he changed it to Dao Ming". Master Sheng Yen, *The 111 The Dragon's
Pearl: An Anthology of Chan Masters* 禪門驪珠集 (Taipei: Dharma Drum
Pub. Corp., 1984), p. 97.

❸ *The Recorded Sayings by Chan Master Dahui Pujue* 大慧普覺禪師語錄 ,
T47, no. 1998A, p. 883 a12-21.

some time studying Yunmen's 雲門 (864-946) concepts and methods, as well as Caodong's 曹洞 [the teachings of Caosan (807-869) and Dongsan (840-901)], but I could not cut the back-and-forth existing mind. Later on, I went to the capital city to attend the Old Master's [KeqingYuanwu 克勤圜悟 (1063-1135)] lecture at Tian-ning monastery. He said, "Once a monk asked Yunmen: 'Where do all the Buddhas come from?' Yunmen answered: 'The East Mountain walks over the water.' If I (Yuanwu) were asked the question: 'Where do all the Buddhas come from?' I wouldn't answer that way but would say, 'A gentle warm breeze comes from the south; a slight coolness permeates the palace pavilion.' " Upon hearing these words, I (Zonggao) suddenly penetrated the back-and-forth existing mind; my entangled thoughts were as snarled hemp being cut off in pieces. Meanwhile, **I sweated throughout my body** (emphasis added). Though my mind abided nowhere at that moment and reached a state of equanimity and emptiness, I found myself dwelling in that state of emptiness which is alike to getting enlightenment. When I came to Master Yuanwu for approval of my experience, he said: "It wasn't easy for you to get to this stage..."

In this case, Dahui Zonggao had attained his first initial enlightenment experience, but was not completely enlightened. Master Yuanwu urged him to persist using his

Koan method. After half a year, he attained full enlightenment and was confirmed by Master Yuanwu.

There is also the case of Master Wu Yun's 無慍 (1308-1386) enlightenment with Master Zhu Yuan 竺元道公 (1257-1345):❹

...Puzzled for years by the Huatou, "Why does a dog not have Buddha-nature?"❺ Wu Yun went to see Master Zhu Yuan for an answer. While about to speak out, Zhu Yuan shouted him down. Wu Yun suddenly got enlightened at that moment with **sweat pouring all over**. He then presented an appreciatory verse to Zhu Yuan: *"No Buddha-nature a dog has. The beauties of spring the capital's covered with. In the eastern court of Zhao-Zhou's house, a gourd-bottle on the wall hangs."*...

Yet another case is of Master Ningran Gaifa's 凝然改法 (凝然了改，1334-1421) enlightenment with Master Wanan Songting 萬安松庭 (萬安子嚴，1323-1392):❻

---

❹ *The Biographies of the Buddhist Patriarchs since the Birth of Shakyamuni up to 1383CE* 佛祖綱目 , X1594, no. 1594, p. 806b5-7.

❺ Once a monk asked Master Zhao Zhou (778–897), "Does a dog have Buddha-nature or not?" Master only replied, "No." See: 佛祖綱目 , X1594, no. 1594, p. 654a7-9.

❻ *Zhong Tong Bian Nian* 宗統編年 , X86, no. 1600, p. 274a24-b3.

Ning Ran stated to Master Song Ting a Koan: "When you meet a dead snake on the road, don't beat it to death," and then asked: "Does it imply no opposing and no ignoring it, Master?" Master Song Ting said, "Laughing so hard, my jaw drops." Ning Ran felt disconcerted. Master Song Ting said again, "What are you bringing a begging bowl into the ghosts' grotto for?" Ning Ran felt even more disquieted in mind. One day later, Master Song Ting entered the hall to give a dharma talk. At that moment, Ning Ran **broke out in a whole-body sweat**, and his doubts were dissolved. Master Song Ting hence validated his enlightenment and took him as his heir.

"When you meet a dead snake on the road, don't beat it to death," is just a Koan. ❼ A dead snake is a dead snake. Why is it a question whether or not to try and beat the dead snake to death again? In the original Chinese text of the Koan, "beichu 背觸" appears, which was often used to describe a situation in which to do or not to do something are both incorrect. "bei 背" means to leave it, and "chu 觸" means to touch it. These characters "bei 背" and "chu 觸" were frequently used in Koans. Just like a dog staring at delicious sausages in a

---

❼ This Koan was first seen in Master Dahui Zhonggao's (1089-1163). See: *The Recorded Sayings by Chan Master Dahui Pujue* 大慧普覺禪師語錄 , T47, no. 1998A, p. 840, b5; 876a15-21.

boiling pan, it can neither lick it nor leave it. In Zen practice, practitioners need to leave any concepts behind, even the concepts of "existing" or "non-existing". This also what "beichubude 背觸不得" implies: "Without thinking of good, without thinking of bad," as the Sixth Patriarch asked Hui Ming.

Still, using logical and deliberate thinking, Ning Ran answered Master Song Ting's question with "no opposing and no ignoring it", instead of relying upon empirical experience. This is why Ning Ran felt disconcerted and disquieted about Master Song Ting's reply: "What are you bringing a begging bowl into the ghosts' grotto for?" It was not until one day later when Master Song Ting went to the Dharma hall that Ning Ran suddenly sweated all over and finally realized the true meaning of this Koan. This implied Master Song Ting's reply evoked within Ning Ran a great and serious sensation of doubt, which resulted in deep meditative concentration, where his mind abided nowhere, allowing him to properly ponder this Koan. Finally, he penetrated it, experienced enlightenment, and received validation from his teacher, Master Song Ting.

We can look at one more case, that of Master Yinyuan Longqi 隱元隆崎 (1592-1673) of the Ming Dynasty from *Yinyuan Chanshi Yulu* ❶ below:

---

❶ *The Recorded Sayings by Chan Master Yinyuan* 隱元禪師語錄 , J27, no. B193, p. 274 b27-c15.

...Master Yinyuan came to Jinsu Monastery to pay respects to Master Miyun Yuanwu 密雲圓悟 (1566-1642). Yinyuan said, "As a novice in Chan practice, I'm here to ask Master's advice and guidance on how to work on the practice." Miyun replied, "I've got nothing for you to work on here. Walk, sit or lie down, as you like." Yinyuan asked, "What if there are lots of mosquitoes and I am unable to lie down?" Miyun replied, "A spank." Puzzled with the answer, Yinyuan bowed and retired. For the next seven days and nights, Yinyuan walked, sat and lay in deep contemplation over the Master's replies without any break. On the afternoon of the seventh day, when Master Miyun passed through the front of the Kang[19] ancestral hall, Yinyuan raised his head and looked. Suddenly awakened, he bowed to Master Miyun and said, "I have finally come to realize Master's teaching with that spank."... In the winter of 1626,[20] Master Wufeng Ruxue 五峰如學 (1585-1633) acted as the assistant abbot of Jinsu monastery. Yinyuan came to him with his fists raised and said: "If you know this, the world's in peace; if you know this, the world's in conflict. How are you going to settle this?"

---

[19]   Kang, Senghui 康僧會 (fl. 247-280 CE), the founder of Jinsu Monastery. Kang was a Sogdian monk who came to China during the Three Kingdoms period and contributed to the diffusion and translation of Buddhist sutras into the Chinese language.

[20]   This was two years after Yinyuan came to Jinsu Monastery.

Wufeng asked, "Where did you get this from?" Yinyuan shouted out loud. Wufeng asked again, "Where did you learn this?" Yinyuan shouted again. Wufeng then hit him... After that, Yinyuan could not sit or lie down but walked around with endeavored power❶ with his eyes looking straight ahead, without noticing any single thing around, not even noticing his own body moving. On the next day, while the brass bowl-chime sounded during the morning service, Yinyuan suddenly came to and sensed his body standing there. Yet, after the service, he kept walking around as before, quietly and slowly. People said that Yinyuan had been bewitched.❷ In the forenoon of the third day, when Yinyuan was deep in meditation, a gust of wind suddenly blew in through the window. That made Yinyuan chill with body hair erect, and he started to sweat all over (emphasis added). He then finally penetrated through his Koan and achieved sudden enlightenment.

In the practice of Chinese Chan Buddhism, little emphasis

---

❹ Here "with endeavored power" comes from its original Chinese term: 氣噴 噴地 (氣憤憤地).

❷ Here the words "zhaoyao 著藥 " should be a local spoken language. From the story, it means: when a practitioner goes into a "doubt mass" situation, his behavior can become very strange, just like one who is suffering from dementia and in a "vegetative state." See: *Holding a Flower and Smiling* 拈 花微笑 (Taipei: The Complete Collection of Dharma Drum, 1986), p. 132.

is placed on physical and mental reactions. However, from the literature, we know that many Chan masters did "perspire greatly" right before or upon their enlightenment. In the future this interesting phenomenon can be integrated with other related research results in human medicine, physiology and psychology. The explorations and studies of the "phenomenon of Zen Enlightenment" can then be extended further.[23] In the next part of this paper, we will examine the meditation methods and experiences of Master Sheng Yen, which parallel the enlightenment process described in the above Chan stories.

2. The Process during Chan Enlightenment

2.1 The Major Meditation Methods and Experiences of Master Sheng Yen

The fourth autobiography of Master Sheng Yen, *Footprints in the Snow*, which was published in New York in 2008, contains several of the Master's Zen meditation experiences as detailed in interviews with his Taiwanese and American disciples. It is a book with abundant resources for studying

---

[23] A study by Shi, Huimin said: A phenomenon, body hair to stand erect 身毛爲豎 which serving as causes conducive to liberation, can be seen in the texts of Abhidharma Buddhism. See: "A Study of Body-Mind Philosophy in Buddhist Practice System" 佛教修行體系之身心觀 , *Dharma Drum journal of humanities* 2, pp. 57-96.

the Master's meditation experiences.

Unforgettable experience of impermanence

Only a few months after the Master's birth, his family's house by the estuary of the Yangtze River was swept away in a devastating flood. The water washed away all the property and fields, leaving only his family.

> I have no memory of the place because a few months after I came into the world, a flood washed everything away, not just our home but our fields, too. Everything we owned ended up in the middle of the river.[24]

Seven years later, his family moved upstream to a riverside village across the river from Nan Tong Harbor. However, an even more devastating flood than the previous one hit their village. Struck by the sight of countless people drowned in the flood, Master realized that whoever you are, death may come to you at any moment.

> Seven years after we moved to Chang-yin-sha I saw for myself what a flood can do..., and waves of stench (from corpses) drifted off the river... Watching the corpses drift by, I had a sudden realization that any of us

---

[24] Chan Master Sheng Yen, *Footprints in the Snow* (New York: Doubleday Publishing Group, 2008), p. 1.

can die at any time. ❷⑤

The Master, even at such a young age, had already realized that life is impermanent and no one can do anything but accept it. Apart from the flood, war, famine and disease were also causes of death in his childhood. At the age of eight, the realization of the impermanence of life became deeply and forever rooted in his mind.

> Seeing so many corpses, the impermanence of life was driven home to me... At a young age, I knew that when death comes there is nothing we can do; we have to accept it.
> I have seen much death in my lifetime—war, famine, disease... The lesson of the flood is still with me, and I know that there is no use worrying about death. ❷⑥

During his study at Jing An Buddhist Seminary, the Master attended Chan meditation activities, but never received any guidance in a systematic way. From this stage on, doubts about life's problems from his numerous experiences of disasters were transformed into a doubt sensation in practice, which formed the great doubt, after years of accumulation.

---

❷⑤ *Footprints in the Snow*, pp. 4-5.
❷⑥ *Footprints in the Snow*, p. 5.

Sometimes, while sitting, I thought, "What should I be doing? Should I be reciting Buddha's name? Should I be doing something else? What really is meditation?" I kept asking myself these questions until I became a big ball of doubt. However, during studying at this seminary, my doubts never got resolved. [27]

After coming to Taiwan from mainland China, he kept practicing while serving in the army. However, there was no way he could find answers to his doubts, and more and more doubts arose in his mind. While he was at work, those "doubts about life and death" deep in his mind seemed to disappear for a while, but whenever he began to practice again, those doubts would once again occur to him.

Eventually, I left mainland China for Taiwan, where I was conscripted into army service. Despite my duties as a soldier, I took time to meditate every day. My doubts, still unresolved, caused all kinds of questions to come up... This underlying doubt was always there. When I was working it would disappear, but when I practiced, this suffocating doubt would often return. [28]

---

[27] Master Sheng Yen, *Getting the Buddha Mind* (New York: Dharma Drum Publications, 1982), p. 4; A similar narrative is also seen in *Footprints in the Snow*, 2008, p. 59.

[28] *Getting the Buddha Mind*, p. 4.

He had been practicing for fifteen years❷ since becoming a novice monk❸ at the age of fourteen at Guang-jiao Monastery, Wolf Hill. The Master mustered out from the army at the age of twenty-eight. In 1958, which is the year prior to his discharge from the army, he finally attained a major breakthrough in practice, due to a life-changing encounter with a Zen Master.

While listening to the Master's doubts and problems, Master Ling Yuan did not give any answer at all. Instead, he just asked, "Any more?" At this time, the Master continued to pour out all his doubts out for two to three hours. In *Footprints in the Snow*,❸ the Master gives a more detailed description of his doubts:

> Would I be able to become a monk again? How would I be able to do that? Which teacher should I go to? What should I do after I become a monk? What kind of monk did I want to become? How would I be able to benefit others, as well as myself, as a monk? With Buddhist

---

❷ "From the time I left home (to become a novice) I spent fifteen years in my practice." See: *Getting the Buddha Mind*, p. 5.

❸ Lin, Qixian, *Master Sheng Yen's Chronicle till the Age of 70* 聖嚴法師七十年譜 (Taipei: Dharma Drum Pub. Corp., 2000), Vol. 1, p. 52.

❸ This is the fourth autobiography on the Master and is written in English. Numerous paragraphs were compiled from transcripts of his interviews, including many Chan experiences narrated by himself. This is hard to find in other books.

teachings as deep and vast as the ocean, where should I start? With innumerable methods of practice, which method should I choose?[32]

After the second tonsure and becoming a monk again, Master Sheng Yen went to southern Taiwan for a six-year solitary retreat. During the retreat, he not only read the entire Buddhist Tripitaka and wrote several famous books on Chan, but also practiced very ardently. By himself, he revived the Chan method of Mozhao (Silent Illumination), which had fallen out of use for several hundred years since its development in the Song Dynasty. Later, while studying in Japan for his doctoral degree, he participated in many retreats with famous Japanese Zen Masters.[33] As the decades passed, the Master not only integrated *Huatou* and Silent Illumination of Chinese Chan Buddhism into his teaching, but also adopted several methods from Japanese Zen and even Theravadan and Tibetan Buddhism. He then founded the Dharma Drum Lineage of Chan Buddhism with a broad perspective.[34] He created a new Chan meditation system different from traditional

---

[32] *Footprints in the Snow*, p.85.

[33] Such as: Tetsugyu Ban 伴鐵牛 (1910-1996), a Japanese Zen Master.

[34] See 'A brief history of Chan style of Dharma Drum Lineage', "The Contemporary Practice of Chinese Chan Buddhism: Master Sheng Yen's 'Protecting the Spiritual Environment'", *Studies on Master Sheng Yen* (Taipei: Dharma Drum Pub. Corp., 2011), Vol. 2, pp. 268-280.

Chinese Chan, one that was highly relevant to his own Chan meditation experience.

It's widely known that the Chan School reached its peak in the Tang Dynasty and gradually languished after the Five Dynasties period. It was not until Dahui Zonggao advocated Huatou, and Hongzhi Zhengjue created Mozhao in the Song Dynasty, that the lifeless Chinese Chan was eventually revived.㉟

2.2 Master Sheng Yen investigated a number of questions

A Brief History of Koan and Huatou in Chinese Chan Buddhism

In *Chan and Enlightenment*,㊱ Master Sheng Yen basically agrees with how Kaiten Nukariya (1867-1934)㊲ divides Chinese Chan history. With the arrival of Bodhidharma (?-535) as the very beginning, Nukariya divides Chinese Chan history into three stages—The Pure Chan Era, The Chan Opportunity Era, and The Maturity Era. The Pure Chan Era

---

㉟ "In the history of Chinese Chan, Master Dahui Zonggao is an important figure who revived the Chan School from its previous state of lifelessness." See: *A Collection of Prefaces by Master Sheng Yen* 書序 (Taipei: Dharma Drum Pub. Corp., 2005), p. 43.

㊱ Master Sheng Yen, *Chan and Enlightenment* 禪與悟 (Taipei: Dharma Drum Pub. Corp., 1991), pp. 31-32.

㊲ Dr. Kaiten Nukariya, *Zengakushisōshi* (Tokyo: Meichokankōkai, 1969), Vol. 1 and 2.

covers 190 years, from the arrival of Bodhidharma in the Southern and Northern Dynasties (420-589) till the decease of the Sixth Patriarch Hui Neng (638-713) in the mid-Tang Dynasty (618-907). The Chan Opportunity Era refers to the period of 250 years after the decease of the Sixth Patriarch Hui Neng to the end of the Five Dynasties (907-959). The Maturity Era came during the Northern and Southern Song Dynasties (960-1279), lasting about 300 years. Later on, during the Yuan (1279-1368), Ming (1368-1644), and Qing Dynasties (1644-1911), Chinese Chan gradually declined and was finally revived by Master Xu Yun (1840-1959) during the late Qing and early Republic periods.

During the period when Chan was prevailing, masters dexterously employed means such as "bang and bawl" to help disciples let go of their self-attachment so as to attain enlightenment. At this time, the investigation of Koan had not yet become prevalent. From the Five Dynasties till the Northern Song Dynasty (960-1126), a span of nearly two hundred years, talents in the Chan School were scarce. It was not until Dahui Zonggao(1089-1163), who advocated Huatou and helped several people attain enlightenment, that the method of investigating Koan was finally formed.

> ...During that time, no one used it repeatedly, so there was no need to investigate Koans. Afterwards, some people attained enlightenment through repeatedly investigating those cases, thus forming the method of

investigating Koans.❸

Master Xu Yun pointed out that after the Song Dynasty, due to people's inferior ability, masters were forced to teach disciples to investigate Koans, like fighting fire with fire.

> Prior to the Tang and Song Dynasty, Chan masters more often than not attained enlightenment upon a couple of words. The transmission of Dharma was merely verifying the disciple's mind; there was no real Dharma at all... Masters cannot help but teach disciples to investigate Koans so as to fight fire with fire.❸

Master Sheng Yen's particular way of investigating Chan: Investigating multiple questions at a time

Master Sheng Yen mentioned that during his twenties,❹ he practiced very hard. Once, he met Master Ling Yuan and asked him countless questions. When Master Ling Yuan finally commanded "Put them down!" all his doubt was at once swept away and he saw his original face.

---

❸ Master Sheng Yen, *The World of Chan* 禪的世界 (Taipei: Dharma Drum Pub. Corp.,1994), pp. 41-42.

❸ Master Sheng Yen, *Essentials of Practice and Attainment of Chan* 禪門修證指要 (Taipei: Dharma Drum Pub. Corp., 1980), p. 231.

❹ According to *Master Sheng Yen's Chronicle till the Age of 70* by Lin Qixian, he was 29 at that time. See: pp. 102-108.

When I was in my twenties, I practiced very
diligently. I always had many ideas and plans, as well
as lots of doubts. How should I practice? What would
I be in the future? **There were so many questions
in my mind...I then asked a second question, a
third, a fourth...**I thought that he (Master Ling Yuan)
would answer all this at the very end. At that time, my
mind was bombarded with so many questions, always
thinking, "What would I be in the future? What if..." He
just listened patiently till I forgot how many questions
I'd asked. [41]

From Master Ling Yuan's replies, such as "Just go ahead
and ask," "Any more?" and "How come you have so many
questions?" we can be sure that Master Sheng Yen did ask a
lot of questions. According to his own admission, at that time,
he asked "a basket of questions." It once again confirmed that
what he had asked was not only one Koan or Huatou.

After a short while, the young man could not help but
start to complain how upset and anxious he was, how
he was troubled by all kinds of questions. Master Ling
Yuan said, "Just go ahead and tell me your problem..."
"Oh, any more? **Do you have any more questions?...**"

---

[41] *Master Sheng Yen on Silent Illumination Practice* 聖嚴法師教默照禪
(Taipei: Dharma Drum Pub. Corp., 2004), pp. 98-99.

"How come you have so many questions? Put them all down, I'm going to sleep!" After such scolding, all of Master Sheng Yen's problems suddenly dispersed. ❷

From the above mentioned information, we can say that as Master Sheng Yen had experienced many disasters, the deep doubt about life arose at a very young age. He also figured out his own way of practice as he could not find anyone to guide him. According to his own words, his great doubt once lasted for a period of three months. During that time, instead of one Koan or Huatou, he asked many different questions, but all were related to the same doubt sensation—life and death.

> My doubt once lasted for three months. During those three months, I was constantly enveloped by doubt, doubt and doubt. Lots of questions arose in my mind, though I did not use the same Huatou. **Those questions were all related to one theme, that is, the question of life and death**, such as what is life and death? What is life indeed? ❸

Therefore, the purpose of Huatou is to trigger our doubt.

---

❷ Master Sheng Yen, *The Journey Home* 歸 程 (Taipei: Dharma Drum Pub. Corp., 1968), pp. 291-292 (Appendix 3: "Forty Years in a Blink of an Eye" by Huijian Chen).

❸ Master Sheng Yen, *Master Sheng Yen on Huatou Practice* 聖嚴法師教話頭 禪 (Taipei: Dharma Drum Pub. Corp., 2009), p. 159.

Huatou was not so popular until Dahui Zonggao propagated it. According to the records, though, Zonggao used both Koan and Huatou.❹ Actually, Huatou is the key phrase in a Koan, and an access to the door of Chan. No matter whether practitioners use the method of Koan or Huatou, the only purpose remains the same, that is, to trigger their own doubt.

Only when you can master this method (Huatou), will your doubt sensation arise; when you make progress in practice, your doubt will develop into great doubt. Under such circumstances, you will not be aware of your own body, the outside world or anything else. **Only one thing would remain, that is your question, the great doubt.**❺

Be it Koan or Huatou, both more-or-less pertain to the form of language or word. They are just an external symbol, a saying from a Chan Master in the past. But the doubt aroused by Koan or Huatou is an internal consciousness and frees the practitioner from any constraint of language or word. Thus, both experienced Chan Masters and practitioners need to understand these methods very well and transcend language

---

❹ In *The Recorded Sayings by Chan Master Dahui Pujue* 大慧普覺禪師語錄 , T47, no. 1998A, there are 37 entries of Koans and 40 Huatous.

❺ Master Sheng Yen, *Discourse on Experience in Chan* 禪的體驗 · 禪的開示 (Taipei: Dharma Drum Pub. Corp., 1980), p. 139.

or word so as to attain enlightenment or enlighten others.

In fact, key words that may provide an access to Chan are not always necessary. More often than not, disciples get enlightened upon some words without fixed form from their master. ❻

...(Zonggao's use of Huatou) also makes it clear why the Chan School insists on being independent from words. The key is to remain doubtful about "What is it like before birth and what is it like after death?" and give rise to it constantly when causes and conditions are ripe. Arouse your doubt with your own Huatou at any given time. ❼

Hence, what matters most is not the Koan or Huatou itself, for they are restricted by the form of language or word. Though the questions that Master Sheng Yen asked seem different, they were all connected to the same theme— investigating the doubt hidden deep in his mind.

Actually, the key does not lie in the Koan or Huatou itself. That you keep using a certain method on and on

---

❻ Master Sheng Yen, *Master Sheng Yen on 100 Chan Proverbs* 聖嚴說禪 , p. 200.

❼ Master Sheng Yen, *Master Sheng Yen on Huatou Practice* 聖嚴法師教話頭禪 , p. 266.

and on is most important. [48]

Apparently, his way of investigating Chan was greatly different from the conventional method of Koan or Huatou. In the latter case method, practitioners can only investigate one question at a time.

2.3 The Process of Enlightenment

Beginning in childhood, Master Sheng Yen witnessed numerous natural and man-made disasters which inspired him to explore the predicament of life and death. Although there was no one to guide him to practice Koan or Huatou, due to his own good merits, innumerable inner doubts naturally converged to his inner issue—a doubt sensation of life and death. That is to say: He broke through the traditional practice formula of Huatou, [49] and could more profoundly grasp the essence and meaning of Zen Meditation—from "doubt" to "Enlightenment." This influenced him to employ more flexible kinds of Zen teaching methods in the East and West for decades.

In 1957, which is the year prior to his meeting with Master Ling Yuan, Master Sheng Yen wrote many Buddhist articles.

---

[48] Master Sheng Yen, *Living in Chan* 禪的生活 (Taipei: Dharma Drum Pub. Corp., 1984), p. 133.

[49] For example, Laiguo 來果 (1881-1953), a famous Chan Master of modern times, advocated only one Huatou: "Who is reciting the Buddha's name?"

During that year, his thoughts on Buddhism flowed very smoothly and merged to form his own Buddhist ideology, which made many people think he was enlightened.

> My mind opened up, thoughts cleared up accordingly and I just couldn't stop writing... No matter what books I read, what kind of knowledge I had learned, it would naturally converge onto my main idea... However, this kind of thought did not become active until the 46th year of the Republic of China, i.e.1957. It was just that I had found a thin ray of light within the door of knowledge...but many people thought that I had become enlightened. ❺⓪

By the spring of 1958, when he met with Master Ling Yuan, Master Sheng Yen's doubt sensation (or doubt mass) had already lasted for three months, from "thinking" to "practicing." ❺① It is very possible that the Master kept his doubt sensation for a longer time than other Chan practitioners. But regardless whether the time period is long or short, investigating the doubt sensation itself is the indispensable same process for practicing Huatou.

---

❺⓪ Master Sheng Yen, *The Journey Home* 歸程 , pp. 200-201.

❺① Here, the author uses "three kinds of wisdom (*śruta-cintā-bhāvanā*)" to describe three stages of wisdom. In English, they are: Hearing the Buddha's teaching, giving it deep thought, and practicing it.

A small doubt would last for hours or days while a great doubt would remain ten days or even half a month. The stronger the doubt, the more profound the enlightenment would probably be... ❺❷

Though till now, we can't find any writings on his Samādhi experiences prior to his being mustered out from the army, we do know that he still kept practicing through prostrations with all those doubts in his mind.

At that time, he (ps. Master Sheng Yen) was still serving in the Communication Division, Ministry of National Defense in Xindian. Right in front of his dormitory was the gigantic Amitābha rock statue at Guangming Rock. Being "depressed" from his unresolved doubts as well, he prostrated to Amitābha two kilometers away every day. There were so many problems that could not be solved. ❺❸

It can be said that Master Sheng Yen and Master Tai Xu shared a kind of similar practice and enlightenment process. When Master Tai Xu, at the age of 19, was reading the *Mahāprajñāpāramitā-sūtra*, he had a Samādhi

---

❺❷ Master Sheng Yen, *Holding a Flower and Smiling* 拈花微笑 (Taipei: Dharma Drum Pub. Corp., 2005), p. 132.

❺❸ Master Sheng Yen, *The Journey Home* 歸程 , p. 291.

experience❺❹ and then could "write down extremely quickly and freely express his Buddhist thought."❺❺ In his second Samādhi experience, at the age of 28, he attained profound enlightenment. ❺❻ Obviously, the two Masters, Tai Xu and Sheng Yen, underwent the same practice processes: from "thinking" to "practice" and from "practice" to "enlightenment." Even though Chinese Buddhism has developed a Chan meditation practice different from that of Buddhism in India, both forms of Buddhism have kept the same process containing four steps: "hearing, thinking, practice, and enlightenment."❺❼

3. Conclusion

In the practice of Chinese Chan Buddhism, little emphasis is placed on physical and mental reactions. However, from the literature, we know that many Chan masters did "perspire

---

❺❹ "In his first enlightenment...Master Tai Xu attains the state of one mind and is unmoving." See: Master Sheng Yen, *Discourse on Experience in Chan* 禪的體驗 · 禪的開示 , pp. 109-110.

❺❺ Master Sheng Yen, *Discourse on Experience in Chan* 禪的體驗 · 禪的開示 , p. 108.

❺❻ "In second enlightenment...he sees his nature and attains 'no-mind.'" See: Master Sheng Yen, *Discourse on Experience in Chan* 禪的體驗 · 禪的開示 , p. 110.

❺❼ There are several Sanskrit words to indicate the last step, such as samudāgama (or adhigama), which means "the realization resultant of practice" or "to be fully enlightened."

greatly" right before or upon their enlightenment. This article discusses some examples from the Tang, Song, Yuan and Ming Dynasties, as well as that of Master Sheng Yen. There are many similar cases to be found in the historical Zen literature. This paper simply aims to present an aspect of the "phenomenon of Zen Enlightenment"—sweating all over—and show the existence of the cases in the historical Zen literature. Further, it is hoped that the terse remarks here may draw forth more attention to this particular phenomenon. For practitioners hoping to attain enlightenment, this kind of reaction may be ignored. But for those interested in doing interdisciplinary research that combines religious experiences and body-mind science, this may be a topic worth investigating further.

Without any formal training in Chan, Master Sheng Yen still savored the taste of Chan through his own practice method, which was different from the conventional. In addition, the whole process was in a certain way quite similar to that of Master Tai Xu. Master Sheng Yen's special experience in Chan practice sheds light on the process as well as the real meaning of proceeding from Koan or Huatou to doubt, and from doubt to enlightenment. Chinese Buddhist Schools, the Chan School in particular, have developed distinctive ways of practice and have adapted to Confucianism in Chinese tradition. However, regarding the whole process, the path to wisdom still involves the gradual stages of "hearing, thinking, practice and enlightenment" as in Indian Buddhism.

References

Chinese Buddhist Electronic Text Association (CBETA), V. 2011

Concise Śamatha-vipaśyanā 修習止觀坐禪法要, T46, no. 1915.

Shichanboluomi 釋禪波羅蜜次第法門, T46, no. 1916.

The Recorded Sayings by Chan Master Dahui Pujue 大慧普覺禪師語錄, T47, no. 1998A.

The Platform Sutra of the Sixth Patriarch 六祖大師法寶壇經, T48, no. 2008.

The Transmission of the Lamp 景德傳燈錄, T51, no. 2076.

A Collection of Sleepwalking by Han Shan Old Man 憨山老人夢遊集, X73, no. 1456.

The Biographies of the Buddhist Patriarchs since the Birth of Shakyamuni up to 1383CE 佛祖綱目, X85, no. 1594.

Zhong Tong Bian Nian 宗統編年, X86, no. 1600.

The Recorded Sayings by Chan Master Yinyuan 隱元禪師語錄, J27, no. B193.

The Complete Collection of Dharma Drum (CCDD), V. 2005 [website:http://ddc.shengyen.org/pc.htm, v. 2011.10.6]

Master Sheng Yen (1968). *The Journey Home* 歸程 (CCDD, Series VI , Vol. 1). Taipei: Dharma Drum Pub. Corp.

Master Sheng Yen (1980). *Essentials of Practice and Attainment of Chan* 禪門修證指要 (CCDD, Series IV , Vol. 1). Taipei: Dharma Drum Pub. Corp.

Master Sheng Yen (1980). *Discourse on Experience in Chan* 禪的體驗・禪的開示 (CCDD, Series IV , Vol. 3). Taipei: Dharma Drum Pub. Corp.

Master Sheng Yen (1984). *Living in Chan* 禪的生活 (CCDD, Series IV , Vol. 4). Taipei: Dharma Drum Pub. Corp.

Master Sheng Yen (1984). *The Dragon's Pearl: An Anthology of Chan Masters* 禪門驪珠集 (CCDD, Series IV , Vol. 2). Taipei: Dharma Drum Pub. Corp.

Master Sheng Yen (2005). *Holding a Flower and Smiling* 拈花微笑 (CCDD, Series IV , Vol. 5). Taipei: Dharma Drum Pub. Corp.

Master Sheng Yen (1991). *Chan and Enlightenment* 禪與悟 (CCDD, Series IV , Vol. 6). Taipei: Dharma Drum Pub. Corp.

Master Sheng Yen (1994). *The World of Chan* 禪的世界 (CCDD,

Series Ⅳ , Vol. 8). Taipei: Dharma Drum Pub. Corp.

Master Sheng Yen (1998). *The Enlightened State of Chan Master Shenhui* 神會禪師的悟境 (CCDD, Series Ⅳ , Vol. 16). Taipei: Dharma Drum Pub. Corp.

Master Sheng Yen (2004). *Master Sheng Yen on Silent Illumination Practice* 聖嚴法師教默照禪 (CCDD, Series Ⅳ , Vol. 14). Taipei: Dharma Drum Pub. Corp.

Master Sheng Yen (2005). *A Collection of Prefaces by Master Sheng Yen* 書 序 (CCDD, Series Ⅲ , Vol. 5). Taipei: Dharma Drum Pub. Corp.

Master Sheng Yen (2009). *Master Sheng Yen on Huatou Practice* 聖嚴法師教話頭禪 (CCDD, Series Ⅹ , Vol. 6). Taipei: Dharma Drum Pub. Corp.

Other Chinese Material

Lin, Qixian(2000), *Master Sheng Yen's Chronicle till the Age of 70* 聖嚴法師七十年譜 , Vol. 1, Taipei: Dharma Drum Pub. Corp.

Shi, Guo-Guang and Shi, Chang-Sheng (2011), "The Contemporary Practice of Chinese Chan Buddhism: Master Sheng Yen's 'Protecting the Spiritual Environment.'"*Studies on Master Sheng Yen* Vol. 2, 聖嚴研究第二輯 , Taipei:

Dharma Drum Pub. Corp.

Shi, Huimin (2005), "A Study of Body-Mind Philosophy in Buddhist Practice System 佛教修行體系之身心觀 ", *Dharma Drum journal of humanities* 2, Taipei: Dharma Drum College of Humanities and Social Sciences.

English Materal

James H. Austin (1998), *Zen and the Brain*, Massachusetts: MIT Press.

James H. Austin (2006), *Zen-Brain Reflections*, Massachusetts: MIT Press.

Master Sheng Yen (1982), *Getting the Buddha Mind*, New York: Dharma Drum Publications.

Master Sheng Yen with Dan Stevenson (2001), *Hoofprint of the Ox*, New York: Oxford Univ. Press.

Master Sheng Yen (2008), *Footprints in the Snow*, New York: Doubleday Publishing Group.

Japanese Material

Kaiten Nukariya 忽滑谷快天 (1969), *Zengakushisōshi* 禅学思想史 , Vol. 1 and 2. *Tokyo: Meichokankōkai* 名著刊行会 .

禪修「通身汗流」現象與禪悟過程之探討
——以禪史文獻及聖嚴法師禪修經驗為例

▎摘要

　　傳統禪宗的修行重視「以心傳心」，也就是師師傳承的關係。在禪法興盛的時代，禪修者通常能很幸運地在一位乃至數位大禪師座下修行到禪悟的發生。另外，有一些禪修者也能把握正確的禪修方法與觀念，當修行到開悟，再找所謂的過來人來勘驗印證自己的悟境。此外，中國禪宗的另外一個重要原則是：「唯論見性，不論禪定解脫。」這都說明禪的修行重視於把握「禪慧」的大原則；相對地，對於禪修過程中的身心反應並沒有那麼重視。

　　十八世紀後半工業革命的發生，人類在科技文明有著空前的進展，理性主義隨之抬頭，人們也要求從事人文精神領域的工作者，用各種科學方式來提出合理說明，包括宗教也不例外。以佛教之禪修而言，近年來國

際上對「禪與腦」或「開悟」的研究絡繹不絕，正是代
表在這一大環境下所產生的趨勢。

我們可以看到歷代禪宗文獻中記載著頗多有關開悟
的例子，而其中一個很明顯的身心反應是：禪修者禪悟
的當下，會有「通身汗流」現象。若是夏天的禪期，禪
修的人要流汗太容易了，但是本文所探討的，並非是因
天氣熱而汗流滿身，而是一種禪修者在發生禪悟時所產
生的身心反應現象。的確，到目前為止我們尚無法提出
反證來說：若禪修者沒有汗流滿身的話，他就一定尚未
發生禪悟。但從另外一方面說，我們也可提出另一種可
能性：有禪悟而汗流滿身的禪修者，並不一定將此經驗
說出來而被記錄於後世的文獻之中。

當然，只因禪修而發生了汗流滿身現象這一點而
言，是不能夠拿來做為禪悟時「心印心」的勘驗標準，
因為在禪宗紀錄中，並沒有看到用「滿身大汗」來驗證
禪修者是否達到禪悟境界。然而，禪宗的典籍或當代資
料中的確留下非常多如此事例的記載——包括聖嚴法師
的禪修經驗在內，這值得將來進一步從跨領域研究中來
探索它的奧祕，比如禪修與神經、心理學或心理、生理
學等領域。

此外，聖嚴法師從小就親歷無數天災人禍之痛，
而激發一究生死迷惑之問題。雖然無人指導他去參一個

公案或話頭，卻也憑一己之善根，自然地將許多內心的
疑問匯歸到同一個中心問題上去——生命的疑情。這突
破了傳統參話頭的型式，讓他更深刻地掌握到從「疑」
到「悟」——從「修」到「證」的內涵與意義，此後數
十年中，於東方與西方開展出更靈活的各式禪的教學
方法。

　　法師在見到靈源老和尚的前一年（1957）之中，
他寫了許多佛教文章；文思暢通無礙，並都能匯歸到自
己的中心思想上，這讓很多人以為他是開悟了。又在一
九五八年春天，也就是在見到靈源老和尚的前三個月之
中，都保持在疑（疑情、疑團）的狀態，這明顯地是從
「思」到「修」的歷程。

　　聖嚴法師與太虛大師可說有相似的修證歷程。我們
看到太虛大師在十九歲時，閱讀《般若經》而發生第一
次禪悟體驗後，也有「伸紙飛筆，隨意抒發」的狀況；
其後在二十八歲時的第二次禪觀中就開悟了。可見兩位
大師的禪悟中也都有明顯的思、修、證之歷程。中國禪
宗雖開展出不同於印度佛教的修行方法，但有聞、思、
修、證的共通歷程上，仍然與印度佛教是一致的。

關鍵詞：過程、開悟、疑情、通身汗流、跨領域

Master Sheng Yen's Chan Thought and Contemporary Society:
A Preliminary Exploration

Ven. Guo-huei, Chin-ing Helen Chen, Ph.D.

▌ Abstract

In our modern world, due to the current development of human civilization—which has been leaning heavily towards materialism, largely influenced by western ideologies—people spend their lives in the endless pursuit of material things. Consequently, there has been an increase in the number of wars, conflicts, and environmental degradation. In order to overcome this, we must place importance on the value of spirituality, the uplifting of the human character through self-awareness, self-cultivation, and self-purification. In this way, we can readjust the direction of civilization, so as to allow humankind to be able to enjoy real blessings and happiness.

"Chan Buddhism", which originated from India and emerged in China having shed much of the formalism and ceremony of traditional religions, presents a very practical way of spirituality, and therefore it is very adaptable to the modern world. Throughout history, it can be seen that because of its adaptability, Chan Buddhism has transcended the barriers of time and space, and spread throughout the Eastern world, including India, China, Vietnam, Japan and Korea. The practicality of Chan Buddhism is very suitable for modern Western people, who appreciate its direct concepts and methods that can help them experience true freedom and the joy of spirituality.

Master Sheng Yen has been promoting Chinese Chan Buddhism in the Western world for three decades, and has used the teachings of Chan Buddhism as a basis to establish spiritual values of a global nature.

In addition to a literary review of Master Sheng Yen's Chan thought, the authors utilize in-depth interview qualitative research to examine the practicality of Chan.

The scope of this paper consists of Master Sheng Yen's establishment of "Dharma Drum Lineage of Chan Buddhism" and his promotion of global "Spiritual Environmentalism". The research outcomes indicate: (1) there are two different kinds of Mind and Intrinsic Nature (心性) existing in the Eastern and Western worlds amidst the backdrops of two different cultures; (2) Master Sheng Yen's viewpoints of two different cultures which cultivate different Mind and Intrinsic Nature in the Eastern and Western worlds respectively; and (3) the similarities and differences of Master Sheng Yen's teaching methods while spreading the Chan Buddhism in the East and the West.

Keywords: Chinese Chan Buddhism, Master Sheng Yen's thought, Eastern and Western Culture, Mind and Intrinsic Nature

1. Introduction

Master Sheng Yen is a world-renowned Chan master and spiritual teacher. He has taught and spread Chan for more than 30 years since 1976. He has traveled extensively both domestically and overseas. In 1989, Master Sheng Yen began to promote Spiritual Environmentalism and received great response around the world. In 2000, Master Sheng Yen was the only Chinese Buddhist religious leader who gave a keynote speech and also the only Buddhist amongst ten distinguished religious leaders selected to attend a special session to discuss the formation of an International Advisory Council in the Millennium World Peace Summit held at the United Nations. In 2004, he was a member of the board of directors for the World Council of Religious Leaders held in Jordon. He has demonstrated great compassionate will to pursue world peace. All these are attributed to the recognition of his Chan Dharma by the western world. In 2006, he established the Dharma Drum Lineage of Chan Buddhism to expand the feasibility of Chan Buddhism to the world.

1.1 Research Motivation

Besides Professor Ku's book, entitled *The Chan Thoughts of Master Sheng Yen* (2002), there is little other related academic research published about Master Sheng Yen. This research is one of the few academic studies attempting to explore Master Sheng Yen's Chan thought in contemporary society. The researchers investigated Master Sheng Yen's views of western culture and what the key points were for him to adapt his Chan mediation methods to maximize acceptance and efficacy in western communities. We also explored the methods of spreading the dharma in American society by utilizing various research methods including content analysis and in-depth interviews with those assisting Master Sheng Yen's mission. Since America was the first western country where Master Sheng Yen spread the dharma after he received his Ph.D. from Japan, we conducted in-depth interviews of Master Sheng Yen's disciples tasked with this mission in America. The purpose is to understand whether there is similarity and difference while disseminating Master Sheng Yen's Chan thought in eastern and western societies.

1.2 Research Purposes

T.Y. Ku's *The Chan Thoughts of Master Sheng Yen* (2002) was the first academic book on Master Sheng Yen's Chan thoughts from a macrocosmic viewpoints. However, it lacked microcosmic viewpoints. In particular, it did not study Master Sheng Yen's Chan characteristics in the western world. This study analyzes Master Sheng Yen's Chan system from historical and cultural perspectives and explores the relationship between his Chan thoughts and Chan experiences. It further studies how he introduced Chan Buddhism to the western world. In general, the scope of this paper includes Master Sheng Yen's establishment of "Dharma

Drum Lineage of Chan Buddhism" and his promotion of global "Spiritual Environmentalism". Specifically, this paper will explore the following points:

1.2.1 Definition of Mind and Intrinsic Nature (心性) existing in the Eastern and Western worlds amidst the background of two different cultures

1.2.2 Master Sheng Yen's viewpoints of two different cultures which cultivate different Mind and Intrinsic Nature in the Eastern and Western worlds respectively

1.2.3 Similarities and Differences of Master Sheng Yen's teaching methods while spreading the Chinese Chan Buddhism in the East and the West.

2. Literature Review and Philosophical Research

In order to understand how Master Sheng Yen created his Chan meditation methods in the west, we analyzed his viewpoints on western culture from his Chinese and English works. This study reviews the writings by Master Sheng Yen in both Chinese and English as of today to analyze and integrate the establishment of the Chan Dharma system with his Chan experiences. In addition, we explored whether his spreading Chan Dharma had different impacts under the influence of eastern and western cultures. There are more books discussing Buddhism in the West than Chan (Zen) in the West. Since this research explore Chan Master Sheng

Yen's Chan Thought in America, we mainly review the literatures related to Chan (Zen) in America.

2.1 Definition of Mind and Intrinsic Nature (心性) existing in the Eastern and Western worlds amidst the background of two different cultures

Since intrinsic nature is a unique term used in Buddhism, is it similar to the definition of mind by the western?

In Zen Buddhism & Psychoanalysis (Suzuki, D.T., Fromm, Erich, and De Martino, Richard, 1960), Suzuki cited two poems by a Japanese and a westerner respectively and analyzed the difference between the East and the West. Table 2.1 summarized Suzuki's contrast of differences between the East and the West.

From Table 2.1 we can see that Daisetsu Suzuki has pointed out the difference of basic characteristics between the Eastern and the Western people, i.e. Eastern people is prone to perception; while Western people is skilled in analysis and prone to reasoning. From the difference of these basic characteristics, it further stretches outward: hence generated the differences of attitude toward how to deal with the nature. In summary, the East treats nature as mythical and likes to accept it; while the West tends to be inquisitive and like to defy the nature.

To look inward the special characteristics of the mind of the West and the East are: the East is integrative, deductive, intuitive and subjective. The West is analytic, inductive, scientific and objective. No Matter whether westerners totally agree with the viewpoints of Suzuki or not, he has vividly elaborated on the mental difference between the easterners and westerners through the descriptions by the two poets from the East and the West.

Table 2.1:Differences between the East and the West.

Name of the poet	Bosho	Tennyson
Basic Characteristics	feeling	analytic
Approach to reality	inactive (look, no touch) silent (unutterable, inaudible)mystery going deep into the source of existence accepts absolute subjectivity actual experience depth of feeling	active (analytical, plucky) eloquent(verbal and intellectual) inquisitive resists scientifically objective no depth of feeling
Mind	synthetic non-discriminative totalizing integrative deductive non-systematic dogmatic intuitive (rather, affective) non discursive subjective spiritually individualistic and socially group-minded	analytical discriminative individualistic differential inductive schematic intellectual scientific generalizing objective disposed to impose its will upon others

		impersonal legalistic conceptual organizing power-wielding self-assertive

Data Source: Suzuki, D.T.(1960), "Lectures on Zen Buddhism" in Suzuki, D.T., Fromm, Erich, and De Martino, Richard, *Zen Buddhism & Psychoanalysis.* New York: Harper Colophon Books, pp.1-10.

2.2 Master Sheng Yen's viewpoints of two different cultures which cultivate different Mind and Intrinsic Nature in the Eastern and Western worlds respectively

In his many books, Master Sheng Yen brought up his viewpoints of Eastern and Western cultures cultivating different Mind and elaborated his thoughts related to the nature of mind.

Table 2.2 summarizes Master Sheng Yen's viewpoints of the different cultures and the nature of mind between the east and the west. Though Master Sheng Yen has pointed out the cultural and mental differences between the East and the West, but he mentioned that they just give rise to the difference of ways to elaborate on Chan or Dao, but the experience of Chan or Dao itself should be the same. For instance, he said: "Enlightenment is a very ambiguous term, and in the East and the West there exist different interpretations on it" (*Master Sheng Yen on Silent Illumination Practice* 聖嚴法師教默照禪)

"Many religious gurus or philosophers, no matter whether they are from the West or the East, though their interpretations on the experience of "Dao" may vary, but the experience itself should be the same."(*Chan and Enlightenment* 禪與悟)

He also said: "No matter whether they are easterners or westerners, everybody has Buddha nature" (*Master Sheng Yen on 100 Chan Gongans* 公案一〇〇)

Table 2.2: Master Sheng Yen's viewpoints of two different cultures

	The West	The East
Culture	External conquest	Internal regulation
	Conquest of nature	Naturalism and humanism
	Egoism	Ethics
	Pursuit of equality and justice	
	Dualism	The Middle Way
	An absence of personal deliberation	
Nature of Mind	Rational	Sensible
	Focuses on practicality, efficiency, and benefits	
	Straightforward	
	Pursuing novelty and change	
		Inclined to simplicity
		Conservative

Data Source: Please refer to Appendix B for more detailed information.

2.3 Similarities and differences of Master Sheng Yen's teaching methods while spreading the Chinese Chan Buddhism in the East and the West.

In this section, the researchers explore whether Master Sheng Yen taught Westerners meditation the same way as he did to Easterners.

In "Chan and New Psychotherapy" (*Holding a Flower and Smiling* 拈花微笑), Master Sheng Yen says:

> I usually teach Westerners by means of reasoned arguments. In terms of the theory of Chan, I tend to focus on the level of thoughts, and with technical instruction the emphasis is on conveying useful and efficient techniques. When teaching Asians, I give the establishment of confidence and right views more importance.

From Table 2.3.1, we see that Master Sheng Yen tends to give different Dharma talks at the "Elite Meditation Retreat" in Taiwan and in America. In Taiwan, Master Sheng Yen talks about Buddhism and explains the significance of Chan. In America, the subjects are the techniques, concepts, spirit, and function of meditation. As to the Meditation Retreat of the same nature, we can see that in Taiwan, the way Master Sheng Yen guides the Retreat is from the angle of Buddha dharma and religious point of view; while in America, he elaborates directly on the methods and functions of Chan practice from the angle of its usefulness.

Table 2.3.1 Comparison of Dharma talks by Master Sheng Yen in Taiwan and

Activity Date	Activity Name	Topic	Summary
September 1-4, 1993	Elite Meditation Retreat at Dharma Drum Mountain	Instruction in Meditation Techniques	...Besides listening to the teachings, we learn meditative techniques in this retreat. ...What is Chan? Literally, it is a kind of contemplation. ...
Spring, 1994	Chinese Elite Meditation Retreat (Chan Meditation Center)	The function of meditation	...There are two subjects of today's course: first, the techniques and concepts of sitting meditation. Second, the spirit and function of sitting meditation. ...

Data Source: 釋聖嚴（2005）《聖嚴法師教禪坐》，《法鼓全集》第四輯第九冊，臺北：法鼓文化，頁9、99。(Master Sheng Yen, 2005, *Master Sheng Yen on Chan Meditation*, The Complete Collection of Dharma Drum, Series Ⅳ, Vol.9. p9&99, Dharma Drum Publishing Corp.)

Furthermore, discourses on the same topic can comprise different contents, as shown in the comparison of Master Sheng Yen's talk entitled "Chan and Contemporary Life" given in Table 2.3.2 In America, Master Sheng Yen talks about the problems of modern life and how to solve these problems through meditation. In contrast, his talk in Taiwan is not as direct as in America. Though discourses on the same topics, it seems to us that Master Sheng Yen delivers his speech through narrative or artistic approaches in Taiwan; while in America, he analyses its usefulness by means of scientific approach, i.e. the former places the weight on "what is the problem", while the latter places the weight on "how to solve the problem".

Table 2.3.2 Master Sheng Yen's two different discourses in Taiwan and in America

Date	Location	Topic	content
1983/10/23	National Dr. SunYat-sen Memorial Hall	Chan and Contemporary Life	I Preface II Life III Contemporary Life IV What is Chan
1987/6/5	University of Massachusetts — Lowell	Chan and Contemporary Life	I Preface II Contemporary Problems of People III How to Solve Problems by Meditation

Data Source: 釋聖嚴（2005）《禪的生活》，《法鼓全集》第四輯第四冊，臺北：法鼓文化，頁235-259。(Master Sheng Yen, 2005, *Living in Chan*, The Complete Collection of Dharma Drum, Series IV, Vol.4. p235-259, Dharma Drum Publishing Corp.) 釋聖嚴（2005）《禪與悟》，《法鼓全集》第四輯第六冊，臺北：法鼓文化，頁272-284。(Master Sheng Yen, 2005, *Chan and Enlightenment*, The Complete Collection of Dharma Drum, Series IV, Vol.6. pp.272-284, Dharma Drum Publishing Corp.)

In the article "Self and Selflessness", Master Sheng Yen (2005) says:

> Westerners typically come into contact with Buddhism with direct objectives, such as the desire for health, peace of mind, and the development of wisdom. Their interest in the theory and methods of Buddhist practice is driven by personal needs. In contrast, while being in doubt, many Chinese perform religious acts such as burning incense, making wishes and praying for fortune-telling.

As mentioned before, Master Sheng Yen describes the conditions in which Westerners and Asians come into contact with Buddhism. Westerners approach Buddhism out of personal needs, whereas Chinese tend to do so as a religious act. This understanding can be applied to the study of meditation. Thus, when Master Sheng Yen gives accounts of meditation techniques to Asians, he emphasizes the distinction of Chan and Taoism, and when addressing the same topic to Westerners, he places more weight on the elimination of ego—both the small "self" and the large "self" through meditation (please refer to Table 2.3.3).

Compared with Table 2.3.1 and Table 2.3.2, the approaches of Table 2.3.3 is different but they are to the same purpose. In Taiwan Master Sheng Yen tends to clarify the difference between the "small self" and the "large self" from Chan and religious point of view; while in America, he addresses directly on Chan function of eliminating the "small self" and the "large self", and leave aside the issue of the relation between Chan and religion.

Table 2.3.3 Master Sheng Yen's discourses on Chan meditation in Taiwan and in America

Date	Activity	Topic	Summary
1996/4/13	Dharma talk given during Elite Meditation Retreat of Dharma Drum Mountain	Meditation in Daily Life	The purpose of meditation is to transform afflicted people into wise ones. ...Many practitioners deify not only the Buddha but also themselves. They may even mistake the practice of Chan for Taoism.
1976~1980	One of the Dharma talks given by Master Sheng Yen	From Small 'Self' to Large 'Self'	...One can eliminate the ego through the practice of meditation. Not only the self, but also the large-self of philosophical reality and ontology is eliminated. This results in ultimate freedom.

Data Source: 釋聖嚴（2005）《動靜皆自在》，《法鼓全集》第四輯第十五冊，臺北：法鼓文化，頁171。(Master Sheng Yen, 2005, *Liberated in Stillness and Motion*, The Complete Collection of Dharma Drum, Series IV, Vol.15. p171, Dharma Drum Publishing Corp.)
釋聖嚴（2005）《禪的體驗·禪的開示》，《法鼓全集》第四輯第三冊，臺北：法鼓文化，頁191。(Master Sheng Yen, 2005, *Discourse on Experience in Chan*, The Complete Collection of Dharma Drum, Series IV, Vol.3. p191, Dharma Drum Publishing Corp.)

Table 2.3.4 illustrates that Master Sheng Yen talked about the idea of selflessness from the very beginning of his teaching career. However, he quickly discovered that most of the audience could not understand it.

Table 2.3.4 Discourses of "Self and Non-Self" by Master Sheng Yen

| 1994/12/6 | Great Dharma Drum Series, Vol. 60; Humanity Magazine, No.252. | Self and Non-self | When I started to teach meditation, I talked about the idea of selflessness. ...But most people did not understand it, and could not accept it right away. |
| 1992/11/1 | A talk given by Master Sheng Yen at Chan Meditation Center in New York | Self and Non-self | As soon as hearing the word "non-self", many people, at first, find it incomprehensible and are frightened. |

Data Source: 釋聖嚴（2005）《找回自己》，《法鼓全集》第八輯第十二冊，臺北：法鼓文化，頁115。(Master Sheng Yen, 2005, *Finding Way Home*, The Complete Collection of Dharma Drum, Series VIII, Vol.12. p115, Dharma Drum Publishing Corp.)
釋聖嚴（2005）《禪門》，《法鼓全集》第四輯第十一冊，臺北：法鼓文化，頁6。(Master Sheng Yen, 2005, *Chan Gate*, The Complete Collection of Dharma Drum, Series IV, Vol.11. p6, Dharma Drum Publishing Corp.)

This situation happens in the east as well as in the west. As Master Sheng Yen indicates in his article "Self and Non-self":

In the societies of the East or the West, people are confused with the idea of non-self and even resist it.

To overcome this obstacle when introducing meditation, Master Sheng Yen has not talked about non-self since 1991. Instead, he developed a system of meditation instruction that begins with recognition of self, and progresses to negation of self (please refer to Table 2.3.5).

Table2.3.5 The Development of Master Sheng Yen's meditative instruction

Date	Location	Topic	Summary
1995/6/23	Chan Meditation Center in New York	Introduction	The aspects of meditation I often present are self-knowledge, self-affirmation, self-cultivation and self-dissolution.
1993/10/24	Chan Meditation Center in NewYork	The levels of life philosophy	...The life philosophy of Chan. This begins with self-affirmation, and progresses through self-cultivation to culminate in self-dissolution.
1992/10/25	Case Western/ Reserve University, Cleveland, Ohio	Meditation and realization-impermanence and selflessness	The theoretical basis of meditation is to recognize egoism, self-attachment and self-awareness, and thereafter negate them.

1991/4/2	Nung Chan Monastery	Introduction	The techniques of meditation lead people from knowing the self to recognizing the self, and then to deconstructing the self. By means of this process, the state of realization emerges.

Data Source: 釋聖嚴（2005）《禪鑰》，《法鼓全集》第四輯第十冊，臺北：法鼓文化，頁4。(Master Sheng Yen, 2005, *The Key to Chan*, The Complete Collection of Dharma Drum, Series Ⅳ, Vol.10. p4, Dharma Drum Publishing Corp.)
釋聖嚴（2005）《禪門》，《法鼓全集》第四輯第十一冊，臺北：法鼓文化，頁64。(Master Sheng Yen, 2005, *Chan Gate*, The Complete Collection of Dharma Drum, Series Ⅳ, Vol.11. p64, Dharma Drum Publishing Corp.)
釋聖嚴（2005）《禪鑰》，《法鼓全集》第四輯第十冊，臺北：法鼓文化，頁48。(Master Sheng Yen, 2005, *The Key to Chan*, The Complete Collection of Dharma Drum, Series Ⅳ, Vol.10. p48, Dharma Drum Publishing Corp.)
釋聖嚴（2005）《禪與悟》，《法鼓全集》第四輯第六冊，臺北：法鼓文化，頁3。(Master Sheng Yen, 2005, *Chan and Enlightenment*, The Complete Collection of Dharma Drum, Series Ⅳ, Vol.6. p3, Dharma Drum Publishing Corp.)

Before 1991, Master Sheng Yen wrote three books on the subject of meditation. These are given in Table 2.3.6:

Table 2.3.6 Master Sheng Yen's three books on the subject of meditation.

Date	Title of Book
1986/10/18	*Holding a Flower and Smiling* 拈花微笑

| 1984/10/15 | *Living in Chan* 禪的生活 |
| 1980 | *Discourse on Experience in Chan* 禪的體驗·禪的開示 |

In these three books, Master Sheng Yen doesn't mention the schema of self-knowledge, self-affirmation, self-cultivation and self-dissolution. We may conclude, therefore, that Master Sheng Yen's teaching of meditation evolves after the 15 years experience of teaching meditation from 1991. From the study above, we can learn that Master Sheng Yen acknowledges that the different cultural background gives rise to different interpretations on Chan. Furthermore, due to the psychological characteristic difference between easterners and westerners, while introducing Chan in the East, he tends to clarify the concept from the angle of religious belief; But in the West, he tends to directly introduce the functions and benefits of Chan practice to modern people. But Master Sheng Yen also discovers that hard to appreciate the concept of "non-self" is the common problem for both easterners and westerners; therefore he establishes a theoretical system and methods of practicing Chan from "self" to "non-self".

3.Research Methods

In addition to the literature review and philological research, the researchers agreed to employ qualitative research methods in this research project by using social science research methods. We studied the transition and formation of Master Sheng Yen's Chan meditation teachings as they were adapted to western practitioners by in-depth interviews with those helped spread Venerable Sheng Yen's thoughts. We utilized "purposeful sampling" to select the interviewees.

According to Patton (1990),

> Logic and power of purposeful sampling lies in selecting information-rich cases for study in depth. Information-rich cases are those from which one can learn a great deal about issues of central importance to the purpose of the research, thus the term purposeful sampling. (p169)

Since we focused on contemporary society in America, we decided to interview some of Master Sheng Yen's disciples helping spread the dharma in America. We mainly utilized semi-structured in-depth interview questionnaires and were fortunate to interview four of Master Sheng Yen's disciples: one male lay person (who was a Bhikku for a period of time and recently obtained a Ph.D. in Religious Studies), two Bhikkunis currently in America, and one Bhikku from Canada (who helped spread Dharma in America and is currently conducting meditation courses at Dharma Drum Mountain in Taiwan).

Between June 2007 and November 2007, in-depth

interviews with those involved with teaching Master Sheng Yen's Chan thoughts in America were conducted (please refer to Table 3.1).

Table 3.1: Qualitative Research-Interview Subjects

Subject	Date	Location	Education	Service
A	2007/6/22	Taipei, Taiwan	Ph.D.	17 years
B	2007/7/24	New York, USA	BA	15 years
C	2007/7/25	New York, USA	MBA	9 years
D	2007/11/24	Taipei, Taiwan	BA	23 years

Table 3.1 indicated the in-depth interviews were conducted in both America and Taiwan with four educated and experienced individuals helping spread the Dharma.

4.Findings and Discussions

On the basis of research purposes, we discussed our findings as follows:

4.1 Definition of Mind and Intrinsic Nature existing in the Eastern and Western worlds amidst the background of two different cultures

From the literature review in Section 2, we could see different definitions of mind and intrinsic nature by various scholars and Buddhist (Chan) practitioners. Duringthe in-depth interview, all four interviewees also pointed out the difference between East and West.

A10: From my contact with the Dharma, just like many Westerners, abstractions and concepts are not attractive to us. We prefer to use our own ways to experience what the master has worked on.

A12: They (the Westerners) have less interest in many Buddhist rituals and dogmas, especially the complex and deep dogmas, they prefer practicability. Americans like new stuff; therefore they can learn Dharma quickly but lack persistence.

A15: Americans have very practical culture, they usually do not think of human nature and intrinsic nature.

A16: Christian and Catholicism's view of human nature is basically self-contradictory. It is not like Wong-Yang-Ming's ideas of inherent good nature or evil nature. They both exist. On the one hand, human beings are basically good because they are created by God, but human beings have inherited original sin. It is complex and contradictory. The ordinary person will not think of such a problem. Moreover, the religion has limited impact on the main stream of their contemporary society.

A17: Westerners need support from communities or from social networks. Why is it so? Because in that society, everyone is shaped by an ego-independent characteristic. In the positive side, independence seems to be very strong, but it lacks social support…

Chinese people's ego is made by the community or the social network, what they need now is to be independent. So in Buddhism, people need to transcend "Sanjie", which means the three realms—the desire realm, the form realm and the formless realm. This kind of thinking exists in the East but not in the West. This is a very interesting thing.

A17-8: Western views of human nature see it as both good and evil. There is a contradiction in human nature. However, the complexity of modern society let the definition of human nature become more contradictory. The Westerners traditional religions or philosophy has not directly impacted on the definition of human nature. Only psychology has great impact on it. In psychology, human nature is basically good...Psychology does not care about "original sin". However, it cannot be separated from Western social, historical, and cultural aspects, because all of those aspects have mixed together...Japanese Zen has already come to terms with the western culture which emphasizes psychology...Chinese Chan keeps the characteristics of dissolution, flexibility, adaptability. Chinese Chan Buddhism will have a great influence on the future of the West, because the West needs it.

B4: American culture is different from Chinese culture. So is American-Chinese culture; for there are many Chinese in America. America is nationalist and emphasizes human rights, mutual-respect, and equality. But Taiwan is very different. Americans are people inclined to offer their opinions. Hence, under their culture, people should show their ideas.

In some respects, we could learn from American culture. For instance, Americans observe the law strictly, are always on time, and value honesty. In addition, they don't change easily under conditions of teamwork. On the contrary, Taiwanese change unexpectedly under such conditions.

Moreover, America is a democratic country which abides by the law. They observe the rules and lead regulated lives. I admire that spirit very much.

C3: Unlike in Taiwan, Buddhism is not the major religion in America. It is quite different from those countries whose main religion is Buddhism. In America, their way of thinking is not authoritarian. Moreover, they challenge authority, they can scold their president; this is also quite different from Chinese culture.

C3: We should understand the different way of thinking between the Orient and the Occident. Chinese culture has a very long history, and is deeply influenced by Taoism as well as Confucianism. A quest and longing for spiritual life is rooted in Chinese minds. Therefore, Chinese Buddhists place more emphasis on the aspects of the super-mundane.

C4: They think. They do not learn linearly, they think and discuss, they may not accept your sayings but they will ask you. It's an open thinking way. Such kind of learning is more direct and deeper. The way which we learn in Taiwan is different from that in America.

C4: In the west, children are trained to be independent from an early age. Some basic living skills for the facilitation of future life should be learned. Usually, young adults start their independent life after having graduated from university or college.

C12: Challenge is inevitable when different cultures come together. Actually, this is the chance to learn. I feel that the Westerners pay more attention to people's feelings. However, Chinese pay more attention to intellectual teachings. The Westerners are willing to accept things once they are moved, or touched. Most of them become followers only when they are emotionally moved. Therefore, different approaches are needed.

D4: We should teach meditation in a different way in accordance with culture. Westerners learn earnestly and express their thoughts straightforwardly. They do whatever you teach them, ask about whatever they do not understand, and point out whatever you are unable to do. In fact, this is helpful during instruction.

On the other hand, relating to the process

of education, Easterners usually hide their real thoughts. It takes patience to figure out what they really need. However, they are more persistent than the Americans. Sometimes, the Americans are interested in something at the beginning and do not keep it up after five or ten years.

4.2 Master Sheng Yen's viewpoints of two different cultures which cultivate different Mind and Intrinsic Nature in the Eastern and Western worlds respectively.

Most of Master Sheng Yen's viewpoints of two different cultures which cultivate different Mind and Intrinsic Nature in the Eastern and Western worlds respectively are cited in several of his books (refer to Section 2 of the literature review), only one interviewee commented on the uniqueness of Master Sheng Yen.

> A15: Master is a historical person who has displayed plenty of creativity throughout his whole career. His maxim is "There is nothing that should be done by me", and he did not do what other people have already done.

4.3 Similarities and Differences of Master Sheng Yen's teaching methods while spreading Chinese Chan Buddhism in the East and the West.

Those helping spread the Dharma in America did find

differences between the East and the West and suggested that teaching methods should be different.

A3: Master Sheng Yen places emphasis on "going into the secular society". For example, how to let Buddhism adapt to the modern society and make sure that it does not disappear. Furthermore, he lets Buddhism do something to benefit the secular world. Therefore he wants Chinese Buddhism to become a major factor in leading the secular world.

Master Sheng Yen developed his own style for teaching Chan mediation in the middle of his career. He is not like a Japanese Zen master: he read many Buddhist scriptures, and then started to teach "only contemplating the meditation of itself." This method is very similar to the "Quiet and insight" method of "The Awakening of Mahayana Faith" which teaches the practitioner to practice "Quiet and insight" for the non-abiding of anything in the mind without using the function of eyes, ears, nose, tongue, or body.

A11: Master Sheng Yen's discourses in the Chan meditation retreat stands on the ground of Buddhism instead of Chan meditation. Since Chan meditation does not stand on any particular basis, its method can be changed in accordance with the change of time and fashion.

A12-13: Master Sheng Yen's contribution to the West is

different from that in the East or Taiwan. His focal point of Buddhism is completely different. In the West, it is easier to see the essence of his Chan meditation. But in the East, he always spreads Buddhism from many angles and with the hallmarks of Chinese culture, according to Taiwanese social needs.

A14: Now, there is a very strong drive to protect the global natural environment in the West. Master Sheng Yen has promoted such environmentalism in Taiwan for many years. It will receive a good response in the West now and in the future.

A15: The right people for spreading Buddhism in the West should the Westerners themselves... if all the books by Master Sheng Yen are translated into English, his influence in the West will grow.

B4: Because of living in an environment which is different from Chinese culture and having stressful work, the Americans of Chinese background tend to learn Buddhism in a easy and pleasing way rather than a serious and strict one. There are many Americans who like the techniques of meditation of Thich Nhat Nanh (Yi Xing master). The method he uses is cheery, practical and straightforward. This is really helpful and interesting to beginners. However, Master Sheng Yen's techniques go further and are useful to meditators who are no longer beginners.

B5: In the West, we found that followers learned the techniques of meditation rationally and earnestly. From that, we can see a great possibility for the transmission of Chinese meditation. However, the problem is that we think in Chinese ways. We need to know the ideas and needs of the Westerners.

B8: There are many American laypeople who are qualified but don't want to be ordained. We can cultivate these people who are born in an American culture and with American thinking to carry out the mission in the United States. As long as they are interested in and confident of Chinese Buddhism, they, the lay teachers, can play an important role. Hence, to transmit the theory of "Dharma Drum Lineage of Chan Buddhism", most of the Chan Dharma heirs of Master Sheng Yen are overseas.

C5: Since American students are trained to be independent, they are forced to come across challenges and pressures when they are young. In this context, they are looking for loving and caring. They do not stay with their parents when they leave school, and they move from one state to another due to work. They often have feelings of anxiety Therefore, American Buddhists tend to search for supportive, loving, caring surroundings.

C5: On the other hand, in terms of these aspects, Chinese do not like to analyze things clearly. They would rather leave room for imagination. Therefore, the mode of expression for the Chinese is not direct, but needs time for pondering, playing with the words, and searching for the meaning. Since no two people think alike, each Chinese will give a different answer to the same question. That is the way of Chinese thinking. Chinese cannot stand for too much direct expression.

The Westerners think otherwise. They have a scientific spirit. They desire to know things clearly, analyze things step by step, and prove by positive evidence. The Chinese way of expression is alien to the nature of the Westerners, they seldom understand what Chinese are saying. Of course, there are exceptions.

We find that Westerners are very fond of meditation due to its comfortable physical feeling. They are sensitive to their own bodies and pay much attention to physical changes. In other words, it is natural for them to perceive bodily sensations. For Westerners, tangible contacts by strangers is rude. For instance, being touched while walking, they might apologize by saying "excuse me" or something like that. They are physically sensitive. Contrarily, Chinese are not.

Most Westerners come here to learn meditation not because of religious reasons. Many Catholics,

Christians, and people of the Jewish faith come here to learn meditation and become Master's disciples. They told Master Sheng Yen "We are Jewish. Will that be a problem for us to come here to meditate?" Master Sheng Yen replied "That is all right. You can practice meditation here, and you are still Jewish or Catholic." For them, meditation is a technique to train the mind and body. Gradually, they will absorb Buddhist views into their minds. It turns out that there is one who said he is a Buddhist; he identifies himself as a Buddhist and practices through Buddhist ways.

C11: The more advanced a material civilization, the more empty it is in peoples' minds, and the more alienated are human relationships. Meditation is the best guide and the best method for psychotherapy. Meditation helps you to get acquainted with yourself as a starting point. Then it is a process of knowing and appreciating yourself and making the best of yourself. So meditation is the best medicine for psychotherapy in the 21st century. We should determine how to offer this medicine to everyone and help people accept it willingly.

C9-10: Master Sheng Yen has promoted Chinese Buddhism for many years. In 2000, he gave a speech at the UN. That was an important moment in history, when a meditation master could make a keynote speech in the main hall of the UN. Since then, Master Sheng Yen makes effort to participate in various international activities, such as academic conferences and research, dialogues between different religions, feminism, peace movements, and the cultivation of young leadership.

Another point I would like to make is that Master Sheng Yen hopes that Dharma Drum Mountain can be more and more valued and recognized by American people. Two years ago, Jack Kornfield, one of the initiators of Insight Meditation Center in Massachusetts, sent an invitation to Master Sheng Yen asking him to train one hundred meditation practitioners in America to become meditation teachers. But Master turned down his invitation due to his health situation. As we can see, Master Sheng Yen is esteemed as an instructor of meditation teachers. There is no doubt about his esteem in instructing meditation.

C12: Dharma Drum Lineage of Chan Buddhism is itself a complete method for Buddhist practice. It is based on Chinese Buddhism, and incorporates Theravada and Tibetan Buddhism. Master Sheng Yen is open-minded and tolerant. He integrates practical methods into his own tradition and develops new ones. That is the reason why Master Sheng Yen identifies his Dharma Drum Lineage of Chan Buddhism as a distinct lineage. Different from those lineages that have deviated or have questionable methods, this lineage is a method-organized system.

The practices of "Huatou" and "Silent Illumination" are the main but also advanced methods in Chan practice. Before practicing advanced methods, practitioners have to develop basic techniques. In America, we start with relaxing body and mind. After relaxing, we follow by observing the breath and counting the breath. Recently, observing the breath is more popular than counting. In brief, the two principles of Chan practice are to relax and develop the capacity for observing. These two are the essence of all Chan practices.

D2: It depends on the needs of the followers. In early phases, I usually teach the techniques of experiencing the breath and counting the breath. In later phases, I give being aware of mental and physical relaxation more importance. Silent Illumination has more participation than Huatou does.

D3: Through Master Sheng Yen's simplicity of expression, profound and subtle Buddhism becomes accessible. He elaborates the teachings clearly step by step. This is his specialty. Furthermore, the techniques which Shifu teaches can be applied to daily life. Therefore, people think he is reliable. These are two reasons that people like Master Sheng Yen.

D4: Buddhism blends with the Chinese character since it was transmitted to China. What Master Sheng Yen teaches never strays from fundamental Buddhism, but actually is characteristic of Chinese culture. For instance, Huatou, the Chan technique which he teaches from the Lin Ji lineage, was developed in China.

Another technique is Silent Illumination. It was lost for more than three hundred years. Master Sheng Yen reconstructed it through his experience in retreat (in which he used a technique similar to Silent Illumination), the method of "thoroughly sitting meditation", and the knowledge of further operation and experience. I believe some Westerner meditation instructors refer to the Master's ideas as well. This is the affection of different traditions.

The techniques which Master Sheng Yen teaches are not only Chinese, but also are combined with Theravada, Vietnam, Korean, Japanese and Tibetan traditions. Is it entirely traditional? Not really. But his teachings —impermanence, emptiness, selflessness, causality, and dependent arising—have never gone astray from Buddhism.

D4: In the West, being qualified is necessary for the instruction of Buddhist practice. To be qualified is to practice, to realize, and to be as good as one's own words. Language will not be a big problem when one is qualified. Hence, a meditation instructor must understand Buddhism in depth and be able to practice Buddhism so as to realize reality. Thereafter, a meditation instructor can influence local society a lot. Westerners are very pragmatic. There, I learned a lesson about "respect". They say "you earn your respect; it is not given to you."

D5: Master Sheng Yen makes many efforts to expand Buddhism internationally. Compared to others, he is relatively late to do so. But he tries his best to share the benefits of Buddhism with the whole world, and to convey the Buddhist spirit to benefit others during international meetings. These are the influences invoked by him.

5.Conclusion

In conclusion, we summarize our research outcomes and mention a few limitations of this study to indicate the possibility of future research.

5.1 Summary

As we can see from the above discussion of our findings, Master Sheng Yen has begun to bring Chan Buddhism to the world's religious arena. The Chan meditation methods of Master Sheng Yen represents the rejuvenation of Chan

Buddhism. Nevertheless, it is helpful to note the different definitions of mind and intrinsic nature.

5.1.1 Different Definitions of Mind and Intrinsic Nature (心性) in Eastern and Western Cultures.

Various Buddhists explained the difference of mind and intrinsic nature as discussed in the literature review and in-depth interview. This can be an important reference while spreading Chan thought in contemporary society.

5.1.2 Differences between the East and the West

Those helping spread the Dharma in America did find differences between the East and the West. In this study, the example of the West is America. These findings support the literature.

5.1.3 Similarities and differences of Master Sheng Yen's teaching methods while spreading Chinese Chan Buddhism in the East and the West.

Thich Nhat Hanh(1988) indicated in his book entitled *The Heart of Understanding,*

> Buddhism is not one. The teachings of Buddhism are many. When Buddhism enters a country, that country always acquires a new form of Buddhism...The teaching of Buddhism in this country will be different from other countries. Buddhism, in order to be Buddhism, must be

suitable, appropriate to the psychology and the culture of the society. (viii)

His Holiness the Dalai Lama (1999) indicated that in the 21st century, few issues should be given as much attention as ethics. Several scholars also mentioned similar topics at the 4th International Conference on Buddhism, "The Role of Buddhism in the 21st Century" sponsored by the Chung-Hwa Institute of Buddhist Studies (Huimin Bhikkhu ed. 2005). In Megatrend 2010, P. Aburdene (2005) also discussed "the rise of conscious capitalism". Certainly, Venerable Sheng Yen has also recognized this. He states as such and clearly expressed his concern in several of his books. For example, one of the major issues is spiritual environmentalism. He specifically addresses this in "From Global Ecological Environmental Protection to Spiritual Environmentalism".

With global warming, more and more people have begun to pay attention to the ecology and to consider environmental protection for sustainable development (Dodds, 1997; Stagl, Sigrid and O'Hara, 2001), but very few have considered the spiritual aspect of environmental protection. Chan Master Sheng Yen is in the forefront of spiritual environmentalism.

5.2 Challenges of the Research

Besides the positive perspective of the findings, we found that there were challenges in spreading dharma in the West. Since this research is a preliminary exploration of Master

Sheng Yen's Chan Thought and Contemporary Society, we have encountered several challenges:

5.2.1 Integration of Various Disciplines

Since this study is done from an interdisciplinary perspective by two researchers trained from very different backgrounds, it was a challenge for both to integrate their ways of thinking. However, with open minds, the researchers were able to complete this study as a preliminary exploration.

5.2.2 Qualitative Research

Besides the translation challenge, the process of interview data including transcription took considerable time.

5.2.3 Research Process

The integration of a philological study of Master Sheng Yen and qualitative in-depth interviews based on an interdisciplinary perspective took considerable time before the researchers were able to reach consensus. Fortunately, through many discussions, we were able to produce this paper and learned a great deal.

5.3 Recommendations for Further Research

Not only is this study one of the few academic studies on Master Sheng Yen's Chan Thought and Contemporary Society, but Master Sheng Yen also has unique thoughts which differ from the traditional viewpoints. The difference mainly emerges from his Chan teaching in America. The following recommendations are for reference.

5.3.1 Similar studies could be undertaken in other geographical areas. This study focused on America. Since Master Sheng Yen also taught in other western countries, further research could focus on other geographical areas.

5.3.2 Other Chan-related topics

To understand Master Sheng Yen's Chan Thought in America as a whole, one may want to review it from both giving and receiving sides (the supply and the demand in economic terms). Not only did this research have limitations of time and manpower, but another scholar, Dr. Mei-Hwa Chen, has been collecting data from those receiving Master Sheng Yen's teaching. Therefore, the present research only concentrated on the supply perspective to avoid duplicating Dr. Mei-Hwa Chen's efforts.

Moreover, this research only used partial transcription of the in-depth interviews. In the future, other aspects of the interviews might be utilized for further exploration. For instance, the challenges of spreading the dharma in the west, and so forth.

References

Chinese Materials

辜琮瑜,《聖嚴法師的禪學思想》,臺北:法鼓文化,
　　2002 年。

釋聖嚴、丹·史蒂文生著,梁永安譯,《牛的印跡——
　　禪修與開悟見性的道路》,臺北:城邦文化,2002
　　年。

釋聖嚴著,單德興譯,《禪的智慧——與聖嚴法師心靈
　　對話》,臺北:法鼓文化,2003 年。

釋聖嚴,《聖嚴法師學思歷程》,《法鼓全集》3-8,臺
　　北:法鼓文化,2005 年。

釋聖嚴,《聖嚴法師教禪坐》,《法鼓全集》4-9,臺
　　北:法鼓文化,2005 年。

釋聖嚴,《聖嚴說禪》,《法鼓全集》4-12,臺北:法
　　鼓文化,2005 年。

釋聖嚴,《拈花微笑》,《法鼓全集》4-5,臺北:法鼓
　　文化,2005 年。

釋聖嚴,《禪的生活》,《法鼓全集》4-4,臺北:法鼓
　　文化,2005 年。

釋聖嚴,《禪與悟》,《法鼓全集》4-6,臺北:法鼓文

化，2005 年。

釋聖嚴，《禪門》，《法鼓全集》4-11，臺北：法鼓文
　　化，2005 年。

釋聖嚴，《禪鑰》，《法鼓全集》4-10，臺北：法鼓文
　　化，2005 年。

釋聖嚴，《禪的體驗・禪的開示》，《法鼓全集》4-3，
　　臺北：法鼓文化，2005 年。

釋聖嚴，《禪的世界》，《法鼓全集》4-8，臺北：法鼓
　　文化，2005 年。

釋聖嚴，《聖嚴法師教默照禪》，《法鼓全集》4-14，
　　臺北：法鼓文化，2005 年。

釋聖嚴，《公案一〇〇》，《法鼓全集》7-8，臺北：法
　　鼓文化，2005 年。

釋聖嚴，《神通與人通》，《法鼓全集》3-2，臺北：法
　　鼓文化，2005 年。

釋聖嚴，《法鼓山的方向》，《法鼓全集》8-6，臺北：
　　法鼓文化，2005 年。

釋聖嚴，《佛教入門》，《法鼓全集》5-1，臺北：法鼓
　　文化，2005 年。

釋聖嚴，《找回自己》，《法鼓全集》8-12，臺北：法
　　鼓文化，2005 年。

釋聖嚴，《動靜皆自在》，《法鼓全集》4-15，臺北：

法鼓文化，2005 年。

釋聖嚴，《歡喜看生死》，《法鼓全集》8-10，臺北：
　　法鼓文化，2005 年。

釋聖嚴，《教育‧文化‧文學》，《法鼓全集》3-3，臺
　　北：法鼓文化，2005 年。

釋聖嚴，《書序 II》，《法鼓全集》3-10，臺北：法鼓文
　　化，2005 年。

釋聖嚴，《學術論考 II》，《法鼓全集》3-9，臺北：法
　　鼓文化，2005 年。

釋聖嚴，《學術論考》，《法鼓全集》3-1，臺北：法鼓
　　文化，2005 年。

釋聖嚴，《留日見聞》，《法鼓全集》3-4，臺北：法鼓
　　文化，2005 年。

釋聖嚴，《悼念‧遊化》，《法鼓全集》3-7，臺北：法
　　鼓文化，2005 年。

釋聖嚴，《明日的佛教》，《法鼓全集》5-6，臺北：法
　　鼓文化，2005 年。

釋聖嚴，《絕妙說法——法華經講要》，《法鼓全集》
　　7-11，臺北：法鼓文化，2005 年。

釋聖嚴，《金剛經講記‧福慧自在》，《法鼓全集》
　　7-2，臺北：法鼓文化，2005 年。

釋聖嚴，《心經新釋》，《法鼓全集》7-1，臺北：法鼓

文化，2005 年。

釋聖嚴，*Zen Wisdom*，《法鼓全集》9-6，臺北：法鼓文
化，2005 年。

釋聖嚴著，單德興譯，《禪無所求——聖嚴法師的心銘
十二講》，臺北：法鼓文化，2006 年。

釋聖嚴著，釋常華、葉文可譯，《完全證悟——聖嚴法
師說圓覺經生活觀》，臺北：法鼓文化，2006 年。

English Materials

Aburdene, P. (2005). *Megatrend 2010: the rise of conscious capitalism*. Charlottesville, VA: Hampton Roads Publishing Co., Inc.

Ames, Van Meter (1962). *Zen and American Thought*, Honolulu, HI: University of Hawaii Press.

Chan Master Sheng Yen translated and edited (1987). *The Poetry of Enlightenment*: Poems by Ancient Chan Masters. New York: Dharma Drum Publications.

Chan Master Sheng Yen (2001). *Zen Wisdom: Conversations on Buddhism*. New York: Dharma Drum Publications and Berkeley, CA: North Atlantic Books.

Chan Master Sheng Yen (2001). *There Is No Suffering: A Commentary On The Heart Sutra*. New York: Dharma

Drum Publications and Berkeley, CA: North Atlantic Books.

Chan Master Sheng Yen (2004). *Song of Mind: Wisdom form the Zen Classic Xin Ming*. Boston, MA: Shambhala Publications, Inc.

Chan Master Sheng Yen (2006). *Attaining the Way : A Guide to the Practice of Chan Buddhism*. Boston, MA: Shambhala Publications, Inc.

Dodds, Steven (1997). "Towards a 'science of sustainability': Improving the way ecological economics understands human well-being", Ecological Economics, 23, 95-111.

His Holiness the Dalai Lama (1999). *Ethics for the New Millennium*. Rockland, MA: Wheeler Publishing Inc.

Huimin Bhikkhu ed. (2005). The Role of Buddhism in the 21st Century: Proceedings of the Fourth Chung-Hwa International Conference on Buddhism. Taipei: Dharma Drum Corporation.Proceedings of the Fourth Chung-Hwa International Conference on Buddhism.

Johe Crook (2002). *Illuminating Silence: The Practice of Chinese Zen*. London, UK: Watkins Publishing.

Patton, M.Q. (1990). Qualitative Evaluation and Research Methods (2nd ed.). Newbury Park, CA: Sage.

Stagl, Sigrid and Sabine O'Hara (2001), 'Preferences, needs and sustainability', International Journal of Sustainable Development 4(1), 4-21.

Suzuki, D.T.(1960), "Lectures on Zen Buddhism" in Suzuki, D.T., Fromm, Erich, and De Martino, Richard, Zen Buddhism & Psychoanalysis. New York: Harper Colophon Books, pp.1-10: East and West.

Thich Nhat Hanh, edited by Peter Levitt (1988), *The Heart of Understanding: Commentaries on the Prajnaparamita Heart Sutra*. Berkeley, CA: Parallax Press. viii.

Appendix A: Semi-Structured In-Depth Questionnaire

For those involved in sharing and/or teaching the Dharma

Date: Name of Interviewee:

Location:

1. If you are involved in sharing and/or teaching the Dharma, whom do you serve?

2. When did you begin to serve?

3. How long have you been serving?

4. Where did you serve?

5. How did you serve?

6. What is the content?

7. Do you find any challenges?

8. If you have found challenges while sharing and/or teaching the Dharma, what are the challenges?

9. How do you face the challenges?

10. Have you kept in touch with your Dharma teachers? In which way?

Appendix B: Data Sources for Table 2.2

		The West	The East	Data Source
Culture		External conquest	Interior regulation	1
		Conquest of nature	Naturalism and humanism	2
		Egoism	Ethics	3
		Pursuit of equality and justice		4
		Dualism	The Middle Way	5
		An absence of personal deliberation		6
Nature of Mind		Rational	Sensible	7
		Focuses on practicality, efficiency, and benefits		8
		Straightforward		9
		Pursuing novelty and change		10
			Inclined to simplicity	11
			Conservative	12

1. 「東西方文化的最大區別，是在對內的調養與對外的征服。」 "The greatest difference of culture between the east and the west is that between interior regulation and external conquest." 釋聖嚴，《教育・文化・文學》，《法鼓全集》3-3，臺北：法鼓文化，2005 年，頁 11）

「那麼西方人的傳統思想是向外征服，東方人則自反

自責而推己及人」"The tradition of the west is external conquest, while that of the east is remorse and empathy" （釋聖嚴，《教育・文化・文學》，《法鼓全集》3-3，臺北：法鼓文化，2005 年，頁 276)

2. 「尤其西方人的思想中（非基督教思想）以爲人類是可以慢慢征服自然的」"Especially, in the western thinking, unless Christian, one thinks human beings can conquer nature gradually"（釋聖嚴，《神通與人通》，《法鼓全集》3-2，臺北：法鼓文化，2005 年，頁 16）

「西方哲學主張人類可能征服自然」"Western philosophy asserts that human beings can conquer nature"（釋聖嚴，《神通與人通》，《法鼓全集》3-2，臺北：法鼓文化，2005 年，頁 22）

「如果講到人文及人道，都不會不注意到儒家哲學；講到自然主義，也不會不注意到道家哲學。」"Confucianism is an evident register in Humanism, and Taoism is an evident register in naturalism."（釋聖嚴，《學術論考 II》，《法鼓全集》3-9，臺北：法鼓文化，2005 年，頁 45）

「儒家是人文主義者，道家是自然主義者」"Confucianism is humanism, and Taoism is naturalism"

（釋聖嚴，《找回自己》，《法鼓全集》8-12，臺北：法鼓文化，2005 年，頁 92)

3. 「現代青年，最好不要學美國的自我主義」 "Contemporary young people had best not learn American egoism"（釋聖嚴，《教育・文化・文學》，《法鼓全集》3-3，臺北：法鼓文化，2005 年，頁 176)

「而西方的價值體系多由自我出發」 "The western system of value comes from the self"（釋聖嚴，《歡喜看生死》，《法鼓全集》8-10，臺北：法鼓文化，2005 年，頁 44)

「中國文化的背景……儒家注重人與人之間的倫常關係和社會關係，道家重視個人與自然界之間的調和與統一。」 "Chinese culture...Confucianism places importance on ethic and social relation, and Taoism places importance on harmony and unification of individual and the nature."（釋聖嚴，《學術論考》，《法鼓全集》3-1，臺北：法鼓文化，2005 年，頁 104）

「中國人講倫理，強調五倫」 "Regarding ethics, Chinese emphasizes five fundamental relations."（釋聖嚴，《禪與悟》，《法鼓全集》4-6，臺北：法鼓文化，2005 年，頁 69）

4. 「因為在美國非常講求平等」 "Because American

stress equality a lot"（釋聖嚴，《動靜皆自在》，《法
鼓全集》4-15，臺北：法鼓文化，2005 年，頁 155）

「美國的社會最愛講公平」"People stress equality most
in American society"（釋聖嚴，《法鼓山的方向》，
《法鼓全集》8-6，臺北：法鼓文化，2005 年，頁
229）

5. 「在西方不論是宗教或哲學，都是強烈相對的二分
法。中國人主張中庸之道」"No matter in the aspect of
religion or philosophy, people believe in dualism in the
west. However, Chinese hold the middle way"（釋聖
嚴，《禪的生活》，《法鼓全集》4-4，臺北：法鼓
文化，2005 年，頁 47）

「在西方的天主教來說，人升天國之後，永遠和
神在一起，那是天人合一的大一統的全體大我」
"To Catholics, people ascend to the heaven after death
and stay with God forever. Then, their soul becomes
complete, and that is the union of God and human beings"
（釋聖嚴，《禪的世界》，《法鼓全集》4-8，臺北：
法鼓文化，2005 年，頁 335）

「在西方歐美社會不論是從哲學或從宗教來談，講到
最後一定有個『一』。」"In the west, from the aspects
of philosophy or religion, there must be a 'one'."（釋聖

嚴，《心經新釋》，《法鼓全集》7-1，臺北：法鼓文化，2005 年，頁 154）

6. 「Western culture has not been exposed to the idea of intense personal practice as a means of discovering and solving the problems of human existence.」（釋聖嚴，*Zen Wisdom*，《法鼓全集》9-6，臺北：法鼓文化，2005 年，頁 253）

7. 「東方人學佛感性較強，多以信仰心為主……西方人則較理性與實際……」"Easterners are intuitive and take faith as the core in learning Buddhism...The Westerners are rational and take practicability as most important..." （釋聖嚴，《悼念・遊化》，《法鼓全集》3-7，臺北：法鼓文化，2005 年，頁 439）

8. 「西洋人重實際……重實效」"The Westerners value practicability...and efficiency"（釋聖嚴，《留日見聞》，《法鼓全集》3-4，臺北：法鼓文化，2005 年，頁 134）

「美國人重實際，求速效」"The Americans value practicability and good efficiency"（釋聖嚴，《聖嚴法師學思歷程》，《法鼓全集》3-8，臺北：法鼓文化，2005 年，頁 136）

「西方人凡事以利益為前提，不論小我、大我皆如

此」"The Westerners pursue benefit first, no matter on the basis of self or large-self"（釋聖嚴，《聖嚴說禪》，《法鼓全集》4-12，臺北：法鼓文化，2005 年，頁 230）

9. 「在西方文化中成長的人，畢竟比較直率」"People who are brought up under the western culture are more straightforward"（釋聖嚴，《書序 II》，《法鼓全集》3-10，臺北：法鼓文化，2005 年，頁 190）

10. 「西方人士喜歡永遠追求『新』事物爲其因素」"The Westerners always like o pursue new things"（釋聖嚴，《明日的佛教》，《法鼓全集》5-6，臺北：法鼓文化，2005 年，頁 19）

「在美國，求新求變的傾向，更爲明顯。」"In America, it is obvious that people are inclined to pursue novelty and change."（釋聖嚴，《拈花微笑》，《法鼓全集》4-5，臺北：法鼓文化，2005 年，頁 59）

「Another problem for Americans is inconsistency.」（釋聖嚴，*Zen Wisdom*，《法鼓全集》9-6，臺北：法鼓文化，2005 年，頁 255）

11. Inclined to simplicity

「中國人好簡求速」"Chinese are inclined to simplicity and short process"（釋聖嚴，《絕妙說法——法華經

講要》，《法鼓全集》7-11，臺北：法鼓文化，2005
年，頁 56）

「中國人喜歡簡略」"Chinese like shortness"（釋聖
嚴，《金剛經講記・福慧自在》，《法鼓全集》7-2，
臺北：法鼓文化，2005 年，頁 10）

「中國人喜歡簡單明瞭」"Chinese like simplicity"（釋
聖嚴，《心經新釋》，《法鼓全集》7-1，臺北：法
鼓文化，2005 年，頁 127）

「中國人好求簡約」"Chinese like simplicity"（釋聖
嚴，《佛教入門》，《法鼓全集》5-1，臺北：法鼓
文化，2005 年，頁 219）

12. 「中國人保守」"Chinese are conservative"（釋聖嚴，
《教育・文化・文學》，《法鼓全集》3-3，臺北：
法鼓文化，2005 年，頁 12）

「聖嚴法師禪學思想與當代社會」初探 *

釋果暉、陳瑾瑛

▍摘要

　　當今世界的人類文明已嚴重地傾向物質主義，人類往物質文明強勢發展引導了人類對外在物質欲望的無止境地追求，其結果是造成戰爭、衝突不斷乃至全球生態環境之破壞日益嚴重。為了矯正人類文明偏於物質化文明發展之導向，重視心靈之價值，或可提昇人類自覺、自醒與心靈淨化之能力，人類才有可能享有真正的幸福與快樂。

　　「禪佛教」根源於印度，產生於中國，它蛻去了許多傳統形式主義與宗教儀式，且早已跨越時空傳遍了中、日、韓及越南等之東方世界。它的觀念與方法很適

---

* 此文與陳瑾瑛（當時為亞洲大學產業精進研究中心共同創辦人）共同撰寫，於此也將本書的出版功德，迴向給在西方繼續修行的陳教授。

於也能幫助當代西方人用來體驗心靈之自由與喜悅。

聖嚴法師在西方弘揚漢傳禪佛教三十年，無非爲以禪法爲內涵來建立起全球性心靈價值。

本論文除了以文獻學的角度來探討聖嚴法師的禪學思想之外，也運用深入訪談之質性研究來進一步地驗證。

本論文以聖嚴法師建立「中華禪法鼓宗」及推動全球性心靈環保運動爲範圍。本研究結果呈現：（一）在東西方之不同的文化體系之下，展現著東西方人有著不同的「心性」；（二）聖嚴法師對東西方之不同文化與心性之看法；（三）聖嚴法師弘揚漢傳禪佛教於東西方之不同地域時，其教學方法的同異性。

關鍵字：漢傳禪佛教、聖嚴思想、東西方文化、心性

附錄

篇次	本書各篇修訂後之各節標題	原各篇各節標題 （刊於《聖嚴研究》各輯）
第一篇	聖嚴法師之漢傳佛教復興運動——以漢傳禪佛教爲中心	*篇名同左，原刊於《聖嚴研究》第二輯（2011 年）
	一、前言：以心靈環保爲核心，弘揚漢傳禪佛教	一、前言
	二、推動正規宗教教育挽救佛教	二、近代至當代之漢傳佛教歷史現況
	三、以如來藏思想會通東西方文化	三、當代漢傳佛教之危機
	四、從慧解脫到平常心是道	四、漢傳禪佛教之修行理論根據
	五、從有心到無心，從小我到無我	五、聖嚴法師之漢傳禪佛教復興運動
	六、結論：不忍聖教衰，不忍眾生苦	六、結論
第二篇	漢傳禪佛教之起源與開展——中華禪法鼓宗默照禪修行體系之建構	*篇名同左，原刊於《聖嚴研究》第八輯（2016 年）
	一、前言：回歸印度佛教，探源漢傳禪佛教	一、前言
	二、慧解脫、不依禪	二、印度佛教重要禪修解脫觀念與漢傳禪佛教
	三、四念住、四無量心	三、印度佛教重要禪修方法與默照禪
	四、結論：從止觀、慈悲觀到默照	四、結論

第三篇	中華禪法鼓宗話頭禪學理思想之研究——兼論宗密的九對頓漸	* 篇名同左，原刊於《聖嚴研究》第九輯（2017 年）
	一、從俱解脫到慧解脫——以數息觀為例	一、從俱解脫到慧解脫——以數息觀為例
	二、四諦、十二因緣與話頭禪法	二、四諦十六行相與話頭禪法
	三、禪機之經證——《楞伽經》	三、《楞伽經》與禪機
	四、頓與漸——從如來禪到祖師禪	四、從如來禪到祖師禪——頓漸悟修
	五、結論：知行合一、行解並重	五、結論
第四篇	A Study on the Phenomenon of "Sweating All Over" and the Process during Chan (Zen) Enlightenment: Historical Examples and the Case of Master Sheng Yen's Meditation Experience * 各節名稱皆未修訂	* 篇名同左，原刊於《聖嚴研究》第四輯（2013 年）
第五篇	Master Sheng Yen's Chan Thought and Contemporary Society: A Preliminary Exploration * 各節名稱皆未修訂	* 篇名同左，原刊於《聖嚴研究》第一輯（2010 年）

智慧海 68

聖嚴法師中華禪法鼓宗禪法研究
A Study on the Dharma Drum Lineage of Chan Buddhism Established
by Master Sheng Yen

著者	釋果暉
出版	法鼓文化
總監	釋果賢
總編輯	陳重光
編輯	胡麗桂、林蒨蓉
封面設計	賴維明
內頁美編	胡琡珮
地址	臺北市北投區公館路186號5樓
電話	(02)2893-4646
傳真	(02)2896-0731
網址	http://www.ddc.com.tw
E-mail	market@ddc.com.tw
讀者服務專線	(02)2896-1600
初版一刷	2020年9月
初版三刷	2021年1月
建議售價	新臺幣340元
郵撥帳號	50013371
戶名	財團法人法鼓山文教基金會—法鼓文化
北美經銷處	紐約東初禪寺
	Chan Meditation Center (New York, USA)
	Tel: (718)592-6593 Fax: (718)592-0717

法鼓文化

國家圖書館出版品預行編目資料

聖嚴法師中華禪法鼓宗禪法研究 / 釋果暉著. --
初版. -- 臺北市:法鼓文化, 2020. 09
　　面;　公分
　ISBN 978-957-598-860-9 (平裝)

　1. 禪宗 2. 文集

226.607　　　　　　　　　　　　109010136